STEGMÜLLER · CHITRE · DHASAL

BOMBAY
MUMBAI

STEGMÜLLER · CHITRE · DHASAL

BOMBAY
MUMBAI

Bilder einer Mega-Stadt

*Übersetzung der Gedichte aus dem
Englischen und Marathi von Lothar Lutze*

A1 VERLAG

Vorwort

Es waren die faszinierenden Gedichte Dilip Chitres, die von und über Bombay erzählten und in mir das Bedürfnis weckten, seinen Bildern und Metaphern nachzuspüren, verbunden mit der Frage, wie man derartige Abgründe und Widrigkeiten des Lebens schildern und gleichzeitig eine Liebeserklärung abgeben kann. Fast zehn Jahre lang war Bombay für mich nur eine Durchgangsstation auf dem Weg in eine ganz andere Welt Indiens: Die herrliche Landschaft des Dekhan Plateaus, wo ich zusammen mit dem Indologen Professor Günther Sontheimer (1934–1992) und meiner Frau, der Ethnologin Marie-José van de Loo, mehrere Filme über Schafhirten, eine große Wallfahrt und den Khandoba-Kult gedreht habe. Günther Sontheimer hat mich immer vor Bombay »bewahrt«. Er mochte die Stadt nicht, ihre Abgründe waren ihm eher unangenehm, weil sie in seinen Augen den häßlichen Teil des Subkontinents verkörperten. Trotzdem war er es, der mich auf einen der »Wichtigen« der Stadt aufmerksam machte: den Dalit-Führer und Poeten Namdeo Dhasal. Als Wissenschaftler und großer Freund Maharashtras sah Günther Sontheimer es als eine seiner Aufgaben an, der Marathi-Literatur in Europa Gehör zu verschaffen. Sein Engagement reichte von der Transkription mündlicher Überlieferungen der Dhangar-Nomaden bis zu Übersetzungen von angesehenen Autoren wie Arun Kolatkar, Vyankatesh Madgulkar oder Dilip Chitre. Durch die Filmarbeit lernte ich diese Autoren kennen. Günther Sontheimer hatte mir mein Tor zu Indien weit aufgestoßen, bevor er 1992 viel zu früh verstarb. Dieses Buch wäre ohne ihn niemals entstanden.

Im Juli 1992 reiste ich mit der Asche des toten Freundes nach Jejuri. Nach der Trauerfeier wollte ich Indien so schnell wie möglich wieder verlassen. Doch Dilip Chitre und seine Frau Viju bestanden darauf, mich auf einer gefährlichen Autofahrt durch heftige Monsunregengüsse von Pune nach Bombay zu begleiten. Mein Flugzeug nach Europa ging am frühen Morgen, und es blieb nach Ansicht der Chitres noch genug Zeit, um gute Freunde zu besuchen: Namdeo Dhasal und seine Frau Malika. An diesem Abend tauchte ich das erste Mal in den Bauch des Molochs Bombay ein.
V. S. Naipaul schreibt in seinem Buch *Indien, ein Land im Aufruhr* ein Kapitel über Namdeo Dhasal. Er entwirft das Bild eines eher unnahbaren, scheuen und unzuverlässigen Menschen, an den schwer heranzukommen sei. Mit diesem Bild im Kopf betrat ich das gleiche Haus in Sat Rasta, das auch Naipaul in seinem Buch beschreibt, und erlebte eine große Überraschung. Ich traf auf warmherzige Menschen, die mich mit großer Gastfreundschaft und Neugier empfingen.
Wir unterhielten uns über Film und Literatur. Namdeo zeigte stolz die letzten Ausgaben der von ihm publizierten Wochenzeitung der Dalit-Panther, Malika kochte einen wunderbaren Curry, und wir sahen uns den Film über die Wallfahrt von Alandi nach Pandharpur an.
Es war wie Liebe auf den ersten Blick, denn nach nur vier Stunden im Haus von Namdeo Dhasal und Malika hatte ich wieder Vertrauen zu einer fremden Welt gefaßt, die ohne den toten Freund so leer geworden schien. Der Abschied aus Indien war in dieser Nacht erfüllt von einem unüberhörbaren: bis bald! Tatsächlich bin ich seitdem jedes Jahr mindestens zweimal in Bombay gewesen und habe mit Namdeo Dhasal und Dilip Chitre den Moloch Bombay bei Tag und Nacht durchstreift.

Zu meiner eigenen Überraschung wandte ich mich der Stadt zuerst nicht mit der Filmkamera zu, sondern mit meiner alten, großen Liebe, der Fotografie. Es gibt beim Film ein Element der Schnelligkeit und Unkonzentriertheit, man könnte auch sagen, der unvermeidlichen Oberflächlichkeit. Eine große Menge von Bildern muß zu einer Geschichte zusammengefügt werden, sei es mit oder ohne Handlung. Ökonomische Zwänge verstellen oft den Blick auf das Sujet. Doch in einer Stadt wie Bombay muß man als Fremder das Schauen erst neu erlernen, bevor man überhaupt darüber nachdenken kann, diese Stadt zu beschreiben. Es liegen hier so viele Schichten übereinander, daß ein Film notgedrungen nur Partikel erfassen kann. Der Fotoapparat verlängert den eigenen Blick für den Bruchteil einer Sekunde und friert das vermeintlich Wesentliche ein. Ein Augenblick bleibt für immer stehen. Es kommt also nur darauf an, wie man schaut und wohin.

Die Texte Namdeo Dhasals und Dilip Chitres sprachen zu mir wie ein guter Film, der es dem Betrachter überläßt, ein Rätsel aufzulösen. Doch im selben Moment tat sich auch noch die unglaubliche Möglichkeit auf, in die Wirklichkeit der beschriebenen Welt einzutreten, und meine Führer waren die Autoren selbst. So konnte ich tief eintauchen in diese grandiose Mega-Stadt der unauflöslichen Widersprüche. Liebenswert und hassenswert zugleich, erfüllt Bombay alle Alpträume und Sehnsüchte, die es im Menschsein auf Erden geben kann.

Ein Gedicht von Namdeo Dhasal trägt den Titel *Mumbai – Geliebte Hure*. Drei Jahre habe ich gebraucht, um Vertrauen und Zuneigung zu dieser »Hure«, vor der ich immer Angst hatte, zu gewinnen. Heute habe ich großen Respekt vor ihr.

Schließlich wagte ich doch einen Film über die Stadt. In Zusammenarbeit mit Dilip Chitre entstand 1995/96 der Film *Bombay – Geliebter Moloch*. Ein Dokumentarfilm über einen so gigantischen Kosmos kann immer nur aus winzigen Bausteinen zusammengesetzt sein, doch jetzt konnte ich mich bei der Realisierung auf eine persönlich erfahrene Wirklichkeit beziehen, und es entstand das schöne Gefühl, ein Zuhause in einer fernen fremden Welt gefunden zu haben.

Ich danke allen, die dieses Buch mit Rat und Geduld begleitet haben. Mein besonderer Dank gilt Lothar Lutze für seine Übersetzung der Gedichte, die nicht nur Sprach- und Indienkenntnis erforderte, sondern ein sich Einlassen auf die sehr komplexen Persönlichkeiten zweier großer indischer Dichter.

Henning Stegmüller

Die Geheimnisse einer Mega-Stadt

Die Begegnung mit einer fremden Welt ist immer auch ein Brückenschlag zwischen verschiedenen Kulturen. Für den westlichen Besucher, der Bombay letztlich immer von außen betrachten wird, gibt es zunächst nur Klischees zu entdecken. Um sich der Wirklichkeit dieser Stadt zu nähern, muß man sich emotional auf sie einlassen, Freunde gewinnen und die Geheimnisse der Stadt hinterfragen. Als die Idee zu diesem Buch reifte, bat ich Dilip Chitre und Namdeo Dhasal, mir zu helfen, eine Brücke zu bauen zwischen der Neugier eines Fremden, der staunend, aber auch verunsichert auf Bombay blickt, und der Kenntnis des Eingeweihten. Einige dieser Gespräche habe ich aufgezeichnet und ins Deutsche übertragen. Meine erste Frage, gerichtet an den Schriftsteller Dilip Chitre, erwies sich als Frage sehr westlicher Denkweise.

Was für ein Indien repräsentieren Dilip Chitre und Namdeo Dhasal?

Dilip Chitre: Die meiste Zeit meines Lebens habe ich in Indien verbracht, aber auch immer wieder für kurze Zeitabschnitte an anderen Orten der Welt, in Afrika, Amerika und in Europa. Für mich gibt es nur diesen Planeten, auf dem Menschen leben können, und in mir leben alle Länder dieser Erde. Auch ich bin eine Art Planet, bin eine Art Erde, ein Raum-Zeit-Kontinuum, in dem sich der Rest der Welt reflektiert.
Der Begriff Staat oder Nation sagt mir nichts. Wenn ich davon spreche, Indien zu verkörpern, meine ich weder einen Ort in Raum und Zeit, der Indien heißt, noch beziehe ich mich auf den Begriff Kultur als Konzept, das Indien meint oder beschreibt, oder ein bestimmtes Gebiet der Zivilisation. Mein Indien hat keine politischen Grenzen, ich denke nicht in solchen Kategorien.
Für Namdeo Dhasal ist das anders, weil Namdeo ein Dalit ist. Dalit ist das Marathiwort für oppressed, unterdrückt. Die Bezeichnung Dalit klingt nicht ganz so negativ wie das, was es ursprünglich hieß: Shudra, unberührbar. Diese Menschen sind Ausgestoßene, sie sind Sklaven, schlimmer noch, sie haben nicht einmal das Ansehen, das früher Sklaven hatten. Die dreitausendjährige Tradition des Hinduismus besagt, daß die Dalit oder Shudra, vom brahmanischen Zentrum des Hinduismus aus gesehen, als der unterste Teil der Menschheit zu betrachten sind.
Wenn du einen Menschen in Seele und Körper trennst, dann gehört sein Körper in den Raum und in die Zeit, in denen er lebt. Doch seine Seele und sein Geist geben ihm die Möglichkeit Raum und Zeit zu überschreiten. Ich glaube, diese Fähigkeit haben alle Künstler.
Der praktische Namdeo Dhasal, der Namdeo von Tag zu Tag, lebt im Gedränge von Bombay. Er hat seine Wurzeln in den Quartieren der Prostituierten und Kleinkriminellen, in denen jeder zweifelhafte, illegale Geschäfte betreibt. In Bombay nennt man das das Nummer-2-Geschäft. Nummer 1 ist legal, Nummer 2 ist illegal. Namdeo lebt in einer Nummer-2-Welt. Er ist Dichter und vielleicht der einzige Dichter der Nummer-2-Welt, der mit seinen poetischen Mitteln das Leben in dieser Welt sichtbar machen kann.

Wer Bombay von außen betrachtet, erlebt es als schieres Chaos. Trotzdem scheint es Regeln zu geben, die aus der Stadt ein funktionierendes Chaos machen. Was ist das Geheimnis dieser Stadt?

Du hast begonnen dieses Geheimnis als Fotograf zu sehen. Du hast deine Aufnahmen dort gemacht, wo das Geheimnis ist. Ich kann es nur in Form einer Metapher beschreiben: Als ich ein Kind war und einen Ameisenhaufen betrachtete oder einen Bienenstock, wünschte ich mir immer, eine Biene oder eine Ameise zu sein, um das prächtige Innenleben dieser Behausungen zu sehen. Das ist doch fast ein Hyperspace, ein vierdimensionaler Raum, in dem jeder Millimeter auf dem Miteinander seiner Bewohner beruht. Ich fragte mich, wie es möglich sein könnte, dort hinein zu gelangen. Zu dieser Zeit lebte ich in Baroda, einer sehr friedlichen und schönen Stadt. Ich hatte diese Idee also nicht in einer Metropole, nach Bombay kam ich erst im Alter von elf oder zwölf Jahren. Ich verbrachte dort meine Reifezeit. Ich verliebte mich in die Stadt, und gleichzeitig begann ich sie zu hassen.

Da nahm ich wahr, daß ich das Innere der Behausung betreten hatte. Ich war eine Biene im Bienenstock geworden, die weiß, daß es hier Honig gibt, aber sie bringt den Honig nur in den Bienenstock hinein. Es ist ein klassischer Fall von Entfremdung, man macht die Arbeit, erntet aber keine Früchte, man bekommt nichts zurück. Die ganze Stadt funktioniert wie ein Bienenstock. Alle spielen ihre Rollen, sind sehr beschäftigt, und die ganze Bewegung ist eine Form des Lebens.

Bombay war schon immer ein kosmopolitischer Ort in Indien. Erklärt sich das aus der Entwicklung der Stadt?

Ursprünglich war Bombay nur ein Häufchen von sieben kleinen Inseln nahe der Westküste Indiens. Im 17. Jahrhundert wurde es von Portugal in Besitz genommen. Als König Charles II. 1661 den Ehevertrag mit der Infantin Katharina von Portugal unterzeichnete, fiel es als Mitgift der Infantin an England. Seit Anfang des 17. Jahrhunderts hatten Engländer vergebens versucht, in Bombay Fuß zu fassen. Nun hatten sie es also. Sie ließen sich dort nieder und gründeten eine Handelsniederlassung, die East India Company. Sie schufen einen Gerichtshof, eine Münze, ein Hospital und eine Druckerei. Sie garantierten die Freiheit des Handels und priesen den Wettbewerb. Doch erst im nächsten Jahrhundert unter dem Gouverneur Lord Mountstuart Elphinstone wurde Bombay das Tor zu Indien, Primus in Indiis. Ein Eisenbahnnetz für die Halbinsel wurde geplant und die ersten zwanzig Meilen 1815 dem Verkehr übergeben. Textilfabriken öffneten ihre Tore; Bombay wurde zum Brückenkopf der industriellen Revolution in Indien. Die Entwicklung der Eisenbahn, der Ausbau des Dampfer- und Fährnetzes, der enorme Export von Baumwolle nach England, anstelle der amerikanischen Baumwolle, Schiffsbau, die Erweiterung der Stadt und die Entstehung einer einheimischen Textilindustrie machten Bombay zu einer schnellwachsenden modernen Industrie- und Handelsstadt mit einem pulsierenden Hafen. Tüchtige Arbeiter und Glücksritter des ganzen Subkontinents und weit darüber hinaus bildeten eine einzigartige multikulturelle, multisprachliche, multireligiöse Gemeinschaft. Für die Armen und Besitzlosen aus anderen Teilen Indiens wurde Bombay zur sagenumwobenen Hoffnung, zum magischen Fixpunkt. Entwurzelte Menschen aus verarmten Landstrichen strömten in die Stadt. Der Zauber hielt lange an.

Jede Stadt ist auf einen Mythos gebaut, kreiert von Menschen, die dort hingehen und dort leben wollen. Dies trifft auf alle großen Städte zu. Im Fall von Bombay muß man sagen, daß die Engländer Garantien gaben, die eine Hindu-Gesellschaft keinem Menschen geben würde. Die Engländer waren weltlich eingestellt, sie garantierten Religionsfreiheit. Ob Muslime, Hindus oder Parsis, jeder war willkommen. Die Dalits aus ganz Indien strömten nach Bombay, weil sie an diesem säkularen Ort frei leben konnten. Überall sonst in Indien wurden sie als Unberührbare unterdrückt, auch physisch.

Seit Anfang der 50er Jahre dieses Jahrhunderts veränderte sich die Stadt nicht mehr nur durch den Einfluß von außen. Sie wurde zur Hauptstadt der indischen Filmindustrie, die ein gigantisches, kinoverrücktes Publikum im ganzen Land versorgt.

Die Filmindustrie porträtiert Bombay auf ihre Art und macht daraus eine überschäumende Traumstadt, die ein wollüstiges Leben offeriert. Sogar Kriminalität wird verherrlicht. Über die Stadt hat sich eine Atmosphäre von Unheil gelegt. Trotzdem ist Bombay sicherer und überschaubarer als manche westliche Stadt dieser Größe, ja selbst als kleinere Städte. Mehr und mehr beherrscht vom organisierten Verbrechen und durch politische Manipulateure an den Rand des Ruins getrieben, steht Bombay an einem Wendepunkt seiner Geschichte. Der Vulkan rumort. Doch die Armen Bombays klammern sich am Rande des Abgrunds fest. Millionen von ihnen leben auf Bürgersteigen, neben Eisenbahnschienen oder inmitten von Müll. Aber verbissen halten sie durch, schließlich sind sie es, die die schwersten Arbeiten in dieser Stadt verrichten. Sie schleppen enorme Gewichte, schieben Karren, zerren Kisten, heben Container. Menschen, die in Bombay als rein physische Arbeitskraft benutzt werden, gibt es zu viele, um sie zu zählen. Diese armen, schwer arbeitenden Menschen leben unter Bedingungen, die sich Zeitgenossen aus ähnlichen sozialen Schichten der westlichen Welt kaum vorstellen können. In Bombay kann man begreifen lernen, was Armut wirklich ist.

Es gibt in Bombay Ghettos von reich und arm, Ghettos von Nationalitäten. Wie kommen die Menschen miteinander aus?

Die Reichen leben in ihren Ghettos, als wären sie in Amerika oder in Europa. Sie verschließen sich und sagen: »Öffne ja nicht diese Tür dort, dahinter ist ein Slum!« Und die Menschen in dem Slum sagen: »Unser Slum ist ein friedvoller Ort – aber öffne ja nicht die kleine Türe dort! Hinter dieser Türe wirst du einen Slum der Verbrecher betreten. Dort wird geraubt und gemordet!« Es gibt viele andere Türen in dieser Stadt, hinter denen du eine friedliche Moschee oder einen Hindutempel finden kannst. Es gibt Orte in Bombay, wo man sich unvermittelt ins 7. oder 8. Jahrhundert zurückversetzt fühlen kann. Eine Großstadt ist in diesem Sinn kein öffentlicher Raum, sondern ein enormes Geflecht oder ein großer Haufen von privaten Welten. Wenn ich über Bombay nachdenke, denke ich über 10 Millionen Menschen nach, das heißt, wir haben es mit mehr als 10 Millionen privaten Universen zu tun, die in Bezug zueinander stehen.

Ich habe unendlich viele Menschen in dieser Stadt gesehen, die jede Privatheit verloren haben. Menschen, die den Eindruck vermitteln, sie wären lebender Abfall, nutzlos, einfach nur Dreck.

Dieser Eindruck stimmt. 60 Prozent der Menschen in Bombay leben mehr oder weniger auf der Straße. Doch wenn ich über Privatsphäre spreche, meine ich nicht Besitz oder bewohnten Raum. Intimsphäre ist eine natürliche menschliche Angelegenheit. Der Mensch kommt nicht öffentlich, sondern privat zur Welt. Wer wirklich in Bombays Straßen leidet, das sind die Menschen, die ihre Intimsphäre verloren haben, über deren Privatheit die anderen hinwegtrampeln. Wenn ich sage, daß wir einen Menschen respektieren sollen, dann meine ich, daß wir die Individualität, die Privatheit zu respektieren haben. Laß den Menschen seinen Körper, seinen Geist und seinen Raum, den er braucht, umfassen und darin sein. Wenn du in Bombay Menschen im Elend siehst, dann fehlt ihnen dies.

Nicht einmal 100 Kilometer südlich von Bombay fährt man durch die wunderschönste Landschaft. Die Leute arbeiten auf den Reisfeldern, ihre Dörfer wirken friedlich, und die Bauern machen einen zufriedenen Eindruck. In anderen ländlichen Gegenden Maharashtras hatte ich den gleichen Eindruck. Die Menschen müßten doch längst wissen, daß sie in einem Moloch wie Bombay nichts Gutes erwartet!

Viele Menschen treibt das Elend nach Bombay, denn von der Schönheit ihrer Landschaft, aus der sie kommen, können sie nicht existieren. Es gibt dort extreme Armut und Hunger, hervorgerufen durch Überbevölkerung und die Zerstörung traditioneller Lebensweisen. Und es ist nicht nur das Kino, das unsägliche Versprechungen macht, sondern auch das Fernsehen: Kleidung, Softdrinks, Autos, Essen und Lifestyle der verschiedensten Art suggerieren, all dies gäbe es in Bombay! Die Menschen fürchten nicht das Böse. Im Hindifilm nehmen sie es wahr, und gleichzeitig erleben sie die Illusion, daß Träume wahr werden können. In der Stadt setzt sich das fort. Leute, die es dort zu etwas gebracht haben, zieht es nach Europa und Amerika.

Wenn Amerika und Europa der Welt einfaches Leben verkaufen würden, es gäbe viel weniger Elend, bei gleicher Produktivität. Nach meiner Auffassung liegt der Fehler darin, daß immer vermarktet wird, was wünschenswert erscheint. Die Nationen, die die Macht haben, die Medien zu beherrschen, verbreiten den Unsinn, wenn man nicht diesen oder jenen Lebensstandard erreiche, sei man kein Mensch. Jeder versucht also dieses Ziel zu erreichen, und jeder, der dabei abstürzt, ignoriert den, dem es noch schlechter geht.

Gleichzeitig existiert das Kastensystem wie eh und je. Gesetzlich verboten ist lediglich jede Form der Diskriminierung. Niemand darf öffentlich sagen: »Dich stelle ich nicht ein, weil du einer niedrigen Kaste angehörst.« Doch die Hindu-Fundamentalisten praktizieren Rassismus und Diskriminierung durch die Hintertür und diese Entwicklung hat bereits das Zentrum der Politik erreicht. Die Zukunft dieses Landes wird bestimmt von fundamentalistischen Nationalisten auf der einen und säkularen Kräften auf der anderen Seite. Die Hindu- und Muslim-Fundamentalisten haben übrigens viele Gemeinsamkeiten und machen erstaunliche Kompromisse, weil sie beide wollen, daß die Religionen das Leben der Menschen beherrschen. Das ist eine verrückte Situation.

Laß mich noch einmal auf Namdeo Dhasal zurückkommen. Konnte er als Dalit sich aus der Unterdrückung befreien?

Namdeo ist, wie übrigens viele Dalits, zu einem anderen Glauben konvertiert. Er ist Buddhist. In Indien gibt es Christen-Dalits: ehemalige Hindus, die Christen wurden. Es gibt auch Christen-Brahmanen, die sagen, wir stehen höher als jene Christen, die Shudras sind. Das Kastensystem läßt sich nicht aufheben durch den Wechsel in eine andere Religion. Dieses System ist sehr mächtig, es läßt einen nicht los. Auch die indischen Muslime haben eine Art Kastenwesen, und indische Juden mußten die Erfahrung machen, daß sie in Israel als Schwarze diskriminiert wurden. Der Begriff Dalit heißt nicht, daß man Hindu sein muß, um als solcher gesehen und behandelt zu werden. Man wird von der gesellschaftlichen Elite oder der herrschenden Klasse als Dalit behandelt. Namdeo setzt das um. Diese Diskriminierung ist die treibende Kraft seines Lebens als Dichter und als politisch handelnder Mensch. Die Leute stempeln ihn als Dalit ab, sie zeigen mit dem Finger auf ihn.

Und wie reagiert Namdeo darauf?

Er richtet seinen Blick ganz konzentriert auf Aspekte des Lebens, die andere nicht sehen und nicht als Realität hinnehmen wollen. Seiner Meinung nach ist das Elend der Menschen, so wie es Millionen Dalits in Indien erfahren, die zentrale Wahrheit des Landes. In seinem Gedicht *Mandakini Patil* wählte er eine Prostituierte als Symbol, weil die Rechte eines solchen Menschen unaufhörlich zertrampelt werden. In welchem politischen oder sozialen System auch immer, eine Prostituierte wird eine Prostituierte bleiben; er ist der Ansicht, daß das die schlimmste Form des Verlustes von persönlicher Freiheit ist. Namdeo gibt ein politisches und poetisches Statement ab, er spricht aus der Erfahrung, selbst ein Dalit zu sein. Dieser Kaste anzugehören heißt nicht, sich selber als Dalit wahrzunehmen, aber die anderen sehen dich so und behandeln dich danach.

Die Zerstörung der Babri-Moschee in Ayodhya im Dezember 1992 hat in Bombay zu schweren Unruhen und religiös motivierten Pogromen geführt. Die Stadt kam vier Monate lang nicht zur Ruhe. Hunderte Menschen verloren ihr Leben.

Wir haben schon öfter von den Hindu-Fundamentalisten der Shiv Sena als politischer Partei gesprochen. In ruhigen Zeiten stellt sie sich selber friedlich dar, aber in Zeiten von Unruhen verwandelt sich diese Partei in eine Armee. Als die Moschee in Ayodhya zerstört wurde, fühlten sich alle Muslime in Indien bedroht, sie fühlten sich nicht mehr sicher in diesem Land. Ihre Religion, die sie als ihr höchstes Gut und als unantastbar ansehen, war bedroht. Alle gläubigen Menschen, besonders Muslime, sehen ihre Religion als unantastbaren Besitz an. Wenn für ihren Glauben keine Sicherheit garantiert wird, fühlen sie sich in ihrer Existenz bedroht. Ihre Identität basiert auf ihrem Glauben. Nach Ayodhya gab es zahlreiche Unruhen im Land, die von Muslimen ausgingen. In Bombay war das anders, in Bombay waren es Hindukrawalle! Sie verteilten sich über die ganze Stadt, und sie waren sehr gut geplant. Dutzende Berichte von Journalisten beweisen, daß die Krawalle von den Hindus ausgingen. Bis heute werden Leute terrorisiert, damit sie nicht die Wahrheit vor Gericht sagen. Doch die Wahrheit setzt sich aus vielen Bruchstücken zusammen und wird ans Licht kommen. Die Serie von Bombenanschlägen war dann ohne Zweifel ein genauso perfekt geplanter Vergeltungsschlag der Muslime. Diese Art von Terrorismus bedeutet eine neue Qualität in der Auseinandersetzung in Indien. Es gab bei uns immer wieder die offene Explosion von Konflikten und Unruhen, die bürgerkriegsähnliche Zustände heraufbeschworen, doch die gewalttätigen Auseinandersetzungen vom Dezember 1992 bis zum März 1993 waren geplanter Terrorismus, gesteuerter Guerillakrieg.

Wie kam die Stadt wieder zur Ruhe?

Zunächst war man schockiert. Hunderte starben in den Straßen Bombays, dann diese grauenvollen Bombenanschläge. Doch die Menschen mußten arbeiten gehen, um ihr Brot zu verdienen. So riskierten sie ihr Leben und kehrten zur Arbeit zurück. Das beendete die Unruhen! Weder die Polizei noch die Politik stoppte den Terror – es waren die Menschen. Die breite Masse Bombays weiß, daß sie arbeiten muß, um zu überleben. So einfach ist das! Und da ist noch etwas, was ich sagen muß: Meiner Meinung nach sind alle politischen Parteien für die Kriminalisierung der Politik in Bombay verantwortlich. Es hilft nicht, den Finger nur auf die Fundamentalisten zu richten – alle sind verantwortlich.

Gibt es ein soziales System, das den Ärmsten der Armen in Bombay hilft? Ich habe einen Mann beobachtet, der sieben Tage unverändert auf einer großen Brücke nahe dem Bahnhof Dadar lag. Am achten Tag war er plötzlich verschwunden. Ich dachte, jetzt ist er tot. Wenige Stunden später sah ich ihn wieder an der gleichen Stelle sitzen.

Ich muß einen Vergleich ziehen, der grausam erscheinen mag: Der Mann auf der Brücke ist heute womöglich noch am Leben, weil er auf einer Brücke in Bombay haust. Würde er auf dem Lande leben, wäre er vielleicht schon seit 15 oder 20 Jahren tot. Du siehst nicht das ganze Land, und du siehst nicht die Zahl der sterbenden Menschen in Indien. Bombay ist attraktiv. Es sind die Überlebenschancen, die die Menschen anziehen, das darfst du nicht vergessen.

Mein Vergleich ist grausam, aber ich muß das so sagen. Betteln in Bombay? Eine Ecke zum Betteln kostet dich in Bombay Geld! Die Unterweltbosse sagen, du willst an dieser Ecke betteln? Okay, 500 Rupien im Monat! Der Bettler muß zahlen. Jeder Platz in der Stadt, ob mit oder ohne Dach, auch ein Platz auf dem Gehweg, ist gemietet. Bombay ist ein gigantischer Immobilienmarkt mit enormen Werten. Alle Leute, die du rund um den Bahnhof in Dadar auf ihren Hockern und Tischen Kleider, Gemüse oder andere Sachen verkaufen siehst, zahlen Schutzgeld.

Auch die Krüppel?

Auch die Krüppel. Wenn sie nicht bezahlen, werden sie umgebracht, und andere Krüppel nehmen ihre Plätze ein. Auch sie zahlen Schutzgeld. Nicht nur die Mafia, sondern auch politische Parteien füllen ihre Kassen aus diesen Quellen. Sie nehmen Schutzgeld von Leuten, wie du sie rund um die Bahnhöfe siehst. Du verkaufst deine Kartoffeln dort an dieser Ecke? Okay, 25 Rupien pro Tag für uns, dann kannst du bleiben, und wir garantieren für deine Sicherheit. Das sind die Einnahmen aus der Welt Nummer 2. Ich sagte es bereits, die Nummer 1 ist legal, Nummer 2 ist illegal. Es gibt zwei Bombays. Bombay Nummer 1 und Bombay Nummer 2. In Nummer-2-Bombay zahlst du Miete für die Ecke, an der du bettelst.

Wer hilft den Armen, die nicht einmal diese Sicherheit haben?

Es gibt eine Menge guter Hilfsorganisationen in Bombay. Die Sozialarbeiter leisten auf freiwilliger Basis Enormes. Es gibt religiöse und weltliche Organisationen, es gibt Leute, die sich um die Straßenkinder kümmern. Aber auch wenn alle zusammenarbeiten würden, wären sie der gewaltigen Menge von Problemen nicht gewachsen. Im übrigen ist die Unterwelt daran interessiert, daß die Dinge so bleiben, wie sie sind. Schau, wenn ich tausend Bettler beschäftige, und ich nehme von jedem zehn Rupien pro Tag, der Bettler kriegt vielleicht 25 oder 50 Rupien an seiner Ecke, dann mache ich 10.000 Rupien am Tag! Das sind 300.000 Rupien im Monat.

Wie sehen die Reichen die Zukunft der Stadt?

Die meisten reichen Leute haben keine Langzeitträume, sie denken eher kurzfristig. Einige von ihnen wünschen sich, Bombay sollte werden wie Hongkong oder Singapur mit ihrem riesigen Geldumsatz. Viele sagen, wir brauchen ein Kasino, dann rollt der Rubel in Bombay. Sie wollen, daß Bombay eine Spielwiese wird, eine kommerzielle Hauptstadt, ein riesiges Shopping-Center. Sie wollen die Fabriken aus der Stadt verbannen und außerhalb ansiedeln. Sie sagen, wenn die Fabriken verschwinden, werden auch die Menschen gehen, die dort arbeiten, und der Bevölkerungsdruck wird abnehmen.

Für die Armen ist Indien ein brutaler Staat. Für die Reichen trifft das Gegenteil zu. Die Reichen stehen über dem Gesetz und die Armen darunter. Niemand lebt im Rahmen der Gesetze.

Das Chaos funktioniert, und es ist immer wieder überraschend, wie ruhig die Menschen sind.

Ich bin aus Bombay. Heute lebe ich zwar nicht mehr dort, aber die Stadt hat mich geprägt. Ich drehe Filme, ich male, ich arbeite als Journalist. Um mich am Leben zu erhalten, muß ich viele verschiedene Jobs machen. Für mich ist Lyrik etwas, dem ich seit meinem 16. Lebensjahr fast religiös verfallen bin. Was ich geschrieben habe, ist ein Bericht über alles, was mir widerfahren ist, in der Form von Gedichten, und meine besten Arbeiten habe ich in größter Konzentration auf Bänken in Bahnhöfen wie Churchgate oder Victoria Terminus geschrieben. Wenn du dort sitzt, umschlingen dich die Massen. Mich hat das nie gestört, im Gegenteil. Jeder, der in Bombay sein Glück versuchen will und einen Flecken findet, wo er sich niederlassen kann, kann auch arbeiten. Als ich einmal darüber nachdachte, einen Film über Bombay zu drehen, so wie du jetzt darüber nachgrübelst, fragte mich ein Freund, der inzwischen in England lebt: »Dilip, was findest du so spannend an Bombay?« Ich sagte: »Die reine Energie dieser Stadt ist das Aufregende, und es ist keine vergeudete Energie; diese Energie geht arbeiten in Tausenden kleinen Ecken und Nischen, sie ist überall!«

Schau auf deine Bilder. Sie erzählen alles. Sie sind nicht gestellt. Sie sind da, obwohl sie oft gleichzeitig verwischt werden im Chaos dieser hektischen und surrealen Stadt. Die Armen Bombays haben individuelle Gesichter, betrachte sie in Ruhe, jedes Gesicht ist einzigartig. Zusammen bilden diese Gesichter eine Sprache, die zu allen spricht, weil wir als Menschen Krankheit, Hunger, Vernachlässigung und Tod fürchten.

Nach der Zerstörung der Moschee in Ayodhya brachen in ganz Indien verheerende Unruhen aus. Gibt es heute noch spürbare Folgen dieser Ereignisse?

Namdeo Dhasal: Ja, Bombay hat sich gewandelt, die Ereignisse haben das Leben in der Stadt verändert. Es waren fundamentalistische Kräfte, die das Leben von Dezember 1992 bis März 1993 in Bombay zur Hölle gemacht haben, um den Frieden in der Stadt zu unterminieren. Ziel der Attacken waren die Muslime, wir Dalits und andere Minderheiten. Die Hindu-Fundamentalisten haben sich inzwischen in den Zentren der Macht eingerichtet und sind die führende politische Kraft in Maharashtra und Bombay geworden. Ja, es gärt unter der Oberfläche, es gibt explosive Spannungen und genug Zündstoff, aber der große Knall hat noch nicht stattgefunden. Jeden Moment kann es dazu kommen, doch jetzt sind Muslime und Dalits vorbereitet und wissen, was auf sie zukommt. Auf der anderen Seite stehen die religiösen Fundamentalisten. Beide Seiten zeigen offen ihre Feindseligkeit und verhehlen nicht, daß sie Vergeltung wollen. Jeder muß sich in dieser Stadt auf seinen täglichen Überlebenskampf konzentrieren, doch zur gleichen Zeit stehen sich diese feindlichen Kräfte gegenüber, die zu allem bereit sind. Ein gewaltiger Sturm wird sich erheben, ich spüre schon seine Vorboten. Niemand weiß, was danach sein wird. Werden wir einen Bürgerkrieg bekommen? Einen Polizeistaat?

Bitte, sprich mit uns als Bürger Bombays, als Dalit, als Mensch und Dichter, nicht als Politiker.

Die Spuren der schlimmen Ereignisse von 1992/93 sind heute verschwunden. Die Menschen haben die Spannung und Angst, in der sie leben mußten, verdrängt oder vergessen. Sie sind zurückgekehrt in den alltäglichen Kampf ums Überleben. Trotzdem sind diejenigen, die besonders unter den Unruhen zu leiden hatten, auf noch Schlimmeres vorbereitet.
Die Stadt hat keine Zukunft mehr. In Bombay leben weit mehr als 10 Millionen Menschen, und wenn meine Informationen stimmen, sind die Hälfte davon Dalits, Muslime oder gehören anderen verarmten Minderheiten an. Auch wenn die Ereignisse von 1992/93 vorüber sind, diese Stadt, mit all ihren Krankheiten, all ihren Defekten, Unzulänglichkeiten und Konflikten, ist noch brutaler geworden, roher und gefühlloser. Grausamkeit bestimmt den Umgang der Menschen miteinander. Die Unruhen haben nur für Momente ans Licht befördert, was diese Stadt beherrscht: Bestialität. Die Menschen, die der Stadt ihr Gesicht gegeben haben, werden vertrieben, Bombay dadurch seines Charakters beraubt.

Kannst du uns ein Beispiel geben?

Früher war die Tradition der Marathi-Volkstheater berühmt in der Stadt. Ein großer Poet und Theaterautor beschrieb Bombay vor 50 Jahren als goldene Stadt – als die Stadt der Träume. Heute ist Bombay ekelerregend, beängstigend, bringt uns aus der Fassung. Die Volkstheater der Arbeiterklasse sind verschwunden, Fabriken werden stillgelegt und in die Vororte verlagert, Großmärkte werden abgerissen, um teuren Wohnungen Platz zu machen. Man nimmt den Menschen die Arbeit weg und treibt sie aus der Stadt.

Aber was macht Bombay immer noch für viele so reizvoll? Was lockt die Menschen an?

Ein Faktor ist der totale Zusammenbruch des traditionellen Lebens auf dem Land. Ein weiterer Aspekt ist, daß das Land die Menschen nicht mehr ausreichend ernähren kann, und dann kommt noch etwas dazu: In den Dörfern leben sehr viele hervorragende Handwerker, Töpfer, Schmiede, Schneider, Schuster. Diese Berufe gehören alle den niedrigen Kasten an, nicht den hochstehenden, wie z.B. der Kaste der Schreiber oder der Brahmanen. Der Zusammenbruch ländlicher Strukturen entwurzelt auch diese Menschen, folglich machen sie sich auf den Weg in die großen Städte und suchen hier nach einem neuen Markt für ihre Fertigkeit.
Laß mich als Beispiel von meiner eigenen Familie erzählen. Einst lebten mein Vater, seine beiden Brüder und deren Familien alle zusammen in einer Großfamilie, das war in Indien früher so üblich. Traditionell stand uns Mahars, der Kaste der Unberührbaren, in der Dorfgemeinschaft ein Stück Land zu. Unser Familienverband wurde immer größer, aber das Stück Land blieb dasselbe. Es konnte uns nicht mehr alle ernähren. Mein

Vater verließ uns und ging in die große Stadt Bombay. Weil er weder Schulbildung hatte noch einen Beruf, begann er als Träger von Tierskeletten in einem Schlachthof. Schließlich ließ er sich in Bombay nieder, und wir folgten ihm nach. So kamen wir hierher. Meine Mutter und ich sahen uns einem dunklen, unheilvollen Universum ausgesetzt. Wir waren nie zuvor in einer Großstadt. Ihr nennt diesen Teil der Stadt Unterwelt und Rotlichtdistrikt, für mich ist es der Ort, an den uns unser Vater brachte, um dort zu leben. Dort hatte er einen Platz gefunden, wo wir wohnen konnten. Wir Dalits stellten den größten Teil der Bevölkerung im sogenannten Rotlichtdistrikt.

Ich wohne jetzt in dieser komfortablen Wohnung im fünften Stock. Wir unterhalten uns hier, während es draußen regnet. Wenn ihr mich damals dort in jener Umgebung während der Regenzeit besucht hättet, würden wir jetzt dort sitzen und unser Mittagessen vor einer offenen Latrine zu uns nehmen, Würmer und Insekten kämen hervorgekrochen, würden auf uns zumarschieren und unser Mahl mit uns teilen.

Das Leben hat sich dort nicht geändert. Man wird ständig bedrängt vom Gestank, von Fliegen, Mücken, Kakerlaken. Es gibt dort bis heute keine sanitären Einrichtungen. Das Leben ist wirklich schlimmer als in der Hölle. Heute weiß ich, daß der Mensch von Menschen auf eine derartig bestialische Weise reduziert wird. Es gibt eine Oberschicht, die dafür die Verantwortung trägt, daß Millionen schlimmer leben als Tiere.

Es gibt keine Sicherheit in deinem Leben?

Nein. In dieser Stadt und in diesem System kannst du sehen, daß eine Handvoll Leute alles Geld haben, alles Wissen der Welt, alle Macht der Welt, alle Annehmlichkeiten und allen Luxus der Welt, während gleichzeitig Millionen aus ihrer Heimat vertrieben werden. Sie sind Flüchtlinge und nicht in der Lage, ein menschenwürdiges Leben zu führen. Bombay ist eine Stadt der Flüchtlinge. Täglich kommen 300 neue Familien in die Stadt, um sich hier niederzulassen. Nicht nur Dalits und Muslime, sondern Menschen aller Schichten und Religionen aus ganz Indien. Die Stadt zieht die Menschen an, weil ihr ein Mythos anhängt: Man erzählt sich, Bombay sei eine Stadt, die jeden ernährt. Irgendwie ist daran ja auch etwas Wahres. Wenn du nach Central Bombay gehst, zum Bindi-Basar oder nach Nal Barar, kannst du Menschen treffen, die sich von 50 oder 75 Paise ernähren und zufrieden sind, obwohl sie keine Arbeit finden, nicht einmal als Tagelöhner. Doch selbst dann beutet die Stadt sie aus, weil die Stadt die Basis ihres Menschseins zerbricht.

Wem gehört deiner Ansicht nach die Stadt, und wer hat die Macht in ihr?

Bombay müßte eigentlich den Armen gehören, sie stellen die große Mehrheit. Doch die Stadt gehört schon längst anderen. Die wirklichen Besitzer sind die Immobilienhändler, die Bauunternehmer und die Investoren. Bombay war schon immer eine kapitalistische Stadt, bis heute ist sie die Finanzmetropole Indiens. 175 Großindustrielle haben ihre Unternehmen in der Stadt. Auch sie sind eine starke Macht, denn sie besitzen das Geld. Die politische Macht ist von der Macht des Geldes abhängig, das betrifft die Congress-Partei genauso wie die neu gewählten Führer der Allianz der Hindu-Fundamentalisten. Sie herrschen gemeinsam über Bombay. Der Rest sind wir, die Flüchtlinge, die Heimatlosen, die sogenannten Minderheiten.

Du hast das organisierte Verbrechen vergessen.

Das organisierte Verbrechen hat sich erst in der jüngeren Vergangenheit in der Stadt breitgemacht. Natürlich gab es auch zu Zeiten der englischen Kolonialherrschaft und später Banden und Gangster in Bombay. Ihre Anführer wurden Dadas genannt, was soviel hieß wie Big Brother. Jedes Viertel hatte einen Dada, der ein bestimmtes Gebiet repräsentierte. Es gab aber einen großen Unterschied zwischen den Dadas und Schlägertypen oder Gangstern. Ein Dada stand für etwas ganz anderes. Er war kein Krimineller, sondern eher ein unbeugsamer, harter Mann, der von sich aus die Rolle des Führers einer Gemeinschaft auf sich nahm. Er bestimmte selbst die Rolle, die er zu übernehmen bereit war. Vor der Erlangung der Unabhängigkeit Indiens und noch lange danach gab es in vielen Vierteln Bombays Turnvereine und Sporthallen, die von Dadas geleitet wurden, manche trugen auch ihre Namen. Dadas organisierten Musik-, Tanz- und Theatergruppen, sie hatten eine weitreichende soziale Funktion. Das ist ein völlig anderes Konzept als das eines Gangsters oder eines Kriminellen. Die Dadas, die Big Brothers, waren die Anführer in der Stadt, aber heute gibt es sie nicht mehr. Damals hatte man schon Angst, wenn irgendein harter Bursche nur ein Messer zog und damit herumfuchtelte. In den sechziger Jahren fingen

Politiker an, sich der Dadas zu bedienen. Sie kriminalisierten sie und tauschten sie schließlich gegen die aus, die wir heute professionelle Verbrecher nennen. Durch den technischen Fortschritt änderte sich gleichzeitig die Art der Bewaffnung und die Vorstellungen von Härte und Brutalität. Verbrechen wurde ein Syndrom in der Stadt und ein Beruf. Es bildeten sich Banden, die sich bekämpften, Schutzgelderpressungen wurden zum festen Bestandteil des Alltags. Der Übergang zwischen Politik und Unterwelt wurde immer fließender. Heute gibt es ca. 15 professionelle Verbrecherbanden in Bombay.

Haben sich diese Banden spezialisiert?

Manche handeln nur mit Drogen, andere haben ein Netz von Bordellen aufgebaut, Geldwäsche ist ein gutes Geschäft, der Handel mit ausländischen Währungen; es gibt professionelle Killer und immer mehr Organhandel. Die Immobilienspekulanten bedienen sich der organisierten Kriminalität, um an Grund und Boden zu kommen. Die schicken dir jemand ins Haus, der dir ein Bündel Geld auf den Tisch legt, neben sich hat er ein Maschinengewehr liegen; dann stellt er dich vor die Wahl, entweder das Geld zu nehmen und ihm deinen Grund und Boden zu überlassen oder durch Kugeln aus seiner Waffe zu sterben. So räumen sie ganze Slums, um neue Häuser zu bauen.
Bis vor kurzem gab es in Bombay noch eine große Anzahl Victorias, diese Pferdekutschen, die als Taxis benutzt wurden. Sie sind heute fast aus dem Straßenbild verschwunden. Es gab ein Gebäude, wo Hunderte von Victoriafahrern mit ihren Pferden untergebracht waren, mitten im Rotlichtdistrikt. Das ganze Areal wurde mit Erpressung und Waffengewalt geräumt. Heute stehen dort schon neue Häuser. Die Mafia ist wirtschaftlich unglaublich mächtig und sie läßt ihr Geld wie Muskeln spielen.
Die neue Regierung bekämpft jetzt die Mafia mit Verboten, die sie als Wahlversprechen ausgegeben hatte. Doch ich sehe eindeutige Symptome, die mir sagen, daß die Politiker nur die Kontrolle übernehmen wollen, um ihren eigenen Profit zu machen. Sie bekämpfen die Mafia, um sie ihren eigenen Interessen unterzuordnen und sich dienstbar zu machen. Die Hindu-Fundamentalisten werden eine neue Dimension der institutionalisierten Kriminalität einführen.
Eine Aspekt möchte ich noch besonders hervorheben. Wir haben es in Bombay mit einer Gesellschaft zu tun, die nach wie vor in ihrer Mehrheit ländlich geprägt ist.

Es gibt die Industriellen, es gibt neuerdings die multinationalen Unternehmen, es gibt das organisierte Verbrechen und die Politiker, es gibt die unterschiedlichsten wirtschaftlichen Interessen, aber die große Mehrheit der Bevölkerung hat davon nichts. Sie ist völlig auf sich selbst gestellt.

Du bist ein Mensch mit einer besonderen Wahrnehmungsgabe, und du hast ein ausgeprägtes soziales Gewissen. Was ist in Indien aus den sozialistischen Idealen und Visionen geworden?

Kein Gedanke, keine Ideologie, keine Ideale oder Visionen lösen sich in nichts auf, nur weil ein System kollabiert. Die Basis bleibt erhalten, auch wenn das System verschwindet, weil es die Ideale und Visionen verraten hat. Ich habe als Mensch Verpflichtungen, und ich gebe meine Ideale nicht einfach so auf. Heute regieren kapitalistische Werte die Welt, aber der Kampf ist noch nicht vorüber. Philosophien und Ideologien sind dazu da, zerstört und erneuert zu werden, sie müssen auf den Wandel und die Bedürfnisse einer Gesellschaft eingehen. Ich glaube, wenn wir heute über Sozialismus nachdenken, müssen wir über einen Sozialismus nachdenken, der in die Zukunft weist. Seine Grundwerte müssen in Bezug stehen zu menschlichem Glück und Leid, zu menschlichem Schmerz und menschlicher Freude. Auf diesen Werten muß ein erneuerter Sozialismus aufbauen. Solange Menschen nach Glückseligkeit streben, solange Menschen auf die Bedürfnisse ihres Körpers und ihres Geistes hören, werden sie nach neuen Lösungen suchen, die ein friedliches Leben versprechen.

In Indien gibt es eine Mittelschicht von 200 Millionen Menschen. Sie kaufen die Waschmaschinen und Farbfernseher. Sie sind für die sogenannte Verbraucherrevolution verantwortlich, die den indischen Markt gegenwärtig beherrscht. Auf der anderen Seite leben 650 Millionen Menschen unter der Armutsgrenze. Laß mich die Frage genau so stellen, wie ich sie dir zu Bombay gestellt habe. Diese gewaltigen Zahlen vor Augen: Wem gehört Indien? Den 200 Millionen oder den 650 Millionen oder beiden?

Du hast recht, jetzt verstehe ich deine Frage. Die Arbeiter, die Dalits, die Armen – die Mehrheit in Indien und die Majorität in Bombay – sind mittellos, obwohl sie hart arbeiten müssen, um überhaupt existieren zu können. Weil sie das Recht an ihrem eigenen Land, an ihren Dörfern und Städten verloren haben, scheint es heute so, als wären diese Menschen verwirrt und fassungslos. In der Zukunft, davon bin ich überzeugt, wird es zur Konfrontation kommen zwischen denen, die das Land führen, und denen, die nicht geführt werden wollen. Das wird eine alle Grenzen überschreitende Auseinandersetzung werden, eine endgültige und entscheidende Konfrontation. Dann werden auch die religiösen Fundamentalisten vernichtet, alle derzeit herrschenden politischen Parteien und alle Institutionen werden einem mächtigen Druck weichen müssen. Ich sehe das in einer langfristigen Perspektive. Gegenwärtig gibt es keine Polarisierung, die derartige Kräfte freisetzen könnte. Noch sind die Menschen unsicher, noch ist ihr Bewußtsein nicht erwacht, noch können sie nicht erkennen, daß sie eine radikale Veränderung herbeiführen müssen. Alle anderen Voraussetzungen für eine Revolution, für eine totale Veränderung der Szene sind da. Wer weiß, wie lange die Menschen diesen erbärmlichen Zustand aushalten, wie lange sie noch Geduld haben und ihre Last tragen, wie lange sie sich passiv verhalten, wie lange sie sich zurückhalten. Eines Tages werden sie ihre Geduld verlieren und werden wissen, daß nur sie selbst ihre Lage verändern können.

Namdeo, glaubst du denn, die Welt ändern zu können?

Ich werde jetzt für zwei Drittel der Menschheit sprechen. Auch als der Sozialismus zusammengebrochen ist, waren diese zwei Drittel auf der Suche nach Brot. Das ist der Kontext, in dem wir hier sprechen. Die Geschichte hat uns doch gezeigt: wenn eine große Mehrheit etwas unbedingt will, wird sie es geschehen lassen. Ich habe diese Hoffnung. Mein Optimismus ist ungebrochen, und ich bin keineswegs frustriert. Es wird zwangsläufig zu einer Zuspitzung der Konflikte kommen, die Welt wird sich verändern.

Du fragst, woher ich den Glauben nehme, die Welt verändern zu können. Ich kam als Unberührbarer auf die Welt, als Mahar, ich wurde als ein Nichts geboren, mein ganzes Leben war dadurch vorbestimmt. Um zu überleben, mußte ich um jeden Schritt kämpfen. Wenn ich am Leben bleiben will, muß ich weiterkämpfen. Ich habe keine andere Wahl. Aus dieser Lage schöpfe ich meine Kraft. Ich bin ein verzweifelter Mensch, ich bin ein besitzloser Mensch. Ich kenne keine Quellen der Kraft, wie andere Menschen sie besitzen. Dieser Mangel allein schafft Energie, das ist meine Stärke. Und das ist die Kraft von Leuten wie mir, die in der Welt die Mehrheit stellen. Das ist ein ungeheures Machtpotential.

Meine Gedichte sind meine Waffen. Ich gehe ständig in Flammen auf über das tägliche Leiden und Kämpfen um mich herum. Die Welt, in der ich lebe, läßt mir keine Alternative, ich muß sie verändern, das ist meine einzige Wahl. Ich genieße es, mich selbst zu entdecken. Ich bin ein glücklicher Mensch, wenn ich ein Gedicht schreibe, und ich bin glücklich, wenn ich eine Demonstration von Prostituierten anführe, die für ihre Rechte kämpfen.

Dilip Chitre Gedichte

übersetzt aus dem Englischen und Marathi

Der Blick von Chinchpokli

Eine verdreckte Sonne taucht hinter den Textilfabriken auf
Als ich aus meinen Alpträumen krieche und
Zum Ausguß humple. Dann ergeh ich mich in der Toilette
Während meine unprivilegierten Landsleute von der Parel Road Cross Lane
Sich längs der Mauer des Byculla Goods Depot entleeren.
Mich schaudert beim Gedanken diese Gasse
Richtung Hauptstraße zu verlassen. Hunderte von Arbeitern kommen schon
Von der Nachtschicht zurück, überqueren die Eisenbahngleise.
An der Bushaltestelle herrscht schon Gedränge. Ich fange mit dem Lesen
Der Morgenzeitungen an und bedecke meinen nackten Geist
Mit globalen Ereignissen. Der Ventilator surrt an der Decke, aber ich schwitze.
Ich atme das Schwefeldioxyd ein, das die
Bombay Gas Company ausstößt, gemischt mit Baumwollfusseln
Und Kohleteilchen ausgesondert von den Fabriken
Die Millionen Lenden bekleiden. Dann rasier ich mich, dusche
Wobei ich mir alle Unberührbaren aus dem Kopf schlage, aus Furcht vor
Greifbarerer Verschmutzung. Auf meinem Weg nach draußen
Werde ich ein gebrauchtes Kondom und eine zerknitterte Schachtel Zigaretten
In den Abfall werfen. Und wie ein ruhmreicher Hinduheld
Der in seinem Streitwagen lustlos mitten ins Schlachtgetümmel rollt
Werde ich ein Taxi zur manhattanhaften Unwirklichkeit
Des Nariman Point nehmen. Dort will ich Indiens Zukunft gestalten
Mich meiner makellosen Begabung bedienend. Ich werde in einem Taxi fahren.
Ich werde am Victoria Gardens Zoo vorbeifahrn ohne auch nur zu blinzeln.
Die Byculla Bridge wird mir die erste Zeile eines Gedichts liefern
Und die Christen Juden und Muslime unterwegs
Werden mich zu einer brillanten Kritik der zeitgenössischen
Indischen Kultur inspirieren. Natürlich werde ich die Schrottläden
Nicht zur Kenntnis nehmen, die Teebuden, die Restaurants, die Märkte
Durch die ich zickzacke. Reibungslos werde ich das Institute of Art
Anjuman-e-Islam, die Times of India, die Bombay Municipal
Corporation und den Victoria Terminus passieren.
Wenn ich zur Flora Fountain oder zum Bombay High Court hinsehe
Werde ich nicht bei der Sache sein
Und wenn ich mir scheinbar den Glockenturm und die Gebäude
Der University of Bombay ansehe wird es nur das beleidigte Glotzen
Eines schmutzig denkenden Alma-Mater-Fuckers sein, auf die alte Vettel persönlich gerichtet.
Aber jenseits von allem liegt mein täglicher Seufzer der Erleichterung
Denn die ungehobelten Millionen sind vorübergehend außer Sicht.
Ein bißchen Kultur ist möglich in dieser halben Quadratmeile
Wo die Mauer Indiens aufbricht und die See sich zeigt.

In Chinchpokli, wenn ich am Abend zurückkomme
Heck ich Verführungen aus, Vergewaltigungen, entwerfe Meisterstücke
Von Ausweichmanövern. Die Lautsprecher dröhnen mich an.
Wanzen beißen mich. Kakerlaken hängen mir um die Seele herum.
Mäuse umtrippeln meine Metaphysik, Moskitos singen in meine Lieder hinein.
Eidechsen bekrabbeln meine Religion, Spinnen suchen meine Politik heim.
Mich juckt's. Ich geil mich auf. Ich pichle. Möchte mich vollaufen lassen.
Und ich schaff's. Das geht leicht in Chinchpokli
Wo wie ein minderer Hindugott ich besoffen bin
Vom Elend meiner Verehrer und von meiner eigenen
Triumphalen Impotenz.

Dies betrifft meinen Freund

Dies betrifft meinen Freund der trank und seine Frau
Seinen Chef seine Kollegen seine Freunde und Verwandten terrorisierte
Er schmiß Flaschen auf den Boden und schleuderte Gläser an Wände
Er hämmerte an die falschen Türen um drei Uhr morgens
Er fuhr nachts in Bombay herum und hatte kein Geld für das Taxi
Dem wütenden Taxifahrer bot er sein Hemd und die Hose an
Er war wie eine Rakete die Amok läuft betankt mit billigem Rum
Und die ganze Stadt zusammenschlägt und alle Bewohner umbringt
Manchmal sagte er er sei Gott und habe das Recht
In andrer Leute Betten zu pinkeln oder in ihre Küchen zu scheißen
Er brüllte Obszönitäten in Kunstgalerien und Tempeln
Versuchte den Verkehr zu regeln mit einer leeren Flasche als Stab
Den Anblick den er am meisten haßte war der von Kindern und Poeten
Nicht anders als Gott inmitten der eigenen Schöpfung
Eines Tages wurde er plötzlich ganz nüchtern und ruhig
Beschloß seine eigne Verrücktheit zu studieren und zu arbeiten
Schrieb die Gedichte auf und um die in ihm warteten
So fürchten verängstigte Patienten in einer Sterbestation
Das Kommen des Arztes mild lächelnd im weißen Kittel.

Mumbai: ein Lied

verstreut die gedanken
    wie ein gedicht
diese stadt: verstümmeltes überbleibsel
von jemandes weltreich
    die verbleibende
stimme jetzt bevölkert
    von entfremdeten millionen
wo einst das pferd Mountstuart Elphinstones
galoppierte die insel
    mit den traurigen augen
des adlers überblickend
    später wurde Kipling geboren
wo sie jetzt je nach jahreszeit
    auberginen und mangos verkaufen
und die eisenbahnlinien
    die sich von hier
über die ganze halbinsel verteilen
    den zerrissenen blasigen
brotfladen eines subkontinents
    der unsern teller füllt
wie kann ich sie zählen
    die zähne in deinem mund
hungrige göttin der insel
    oder messen
deine zunge die rot ist wie Kalis
    ungestillt
vierzig jahre im schatten
    deiner üppigen brüste
Östlich von Suez
    hatten die Engländer solch prachtvolle
konkubinen solche klubs
    die witze die sie rissen
in der militärkantine
    riefen gelächter hervor
dessen nachhall noch immer
    auf dem laufenden hält
die hüter der Himalayas im generalsrang
und die landspitze
    von Colaba
die Afghan Church
    die toten helden
die ihr blut für England vergossen
    in diesen wilden breiten

die zeiten haben sich geändert
	das weltreich steht auf dem kopf
die wogs sind in England eingefallen
	die asiatische bedrohung
ist jetzt universal
	nur in Bombay
verbleibt etwas englische würde
	der Victoria Terminus
dieses gotische fundament unsrer modernität
steht immer noch majestätisch
	mitten im einheimischen dreck
erfüllt von den stimmen der kulis und poeten
	vor der Times of India
der alten vettel von Bori Bunder
	mit ihrem verächtlichen stirnrunzeln
aalglatte kastraten die in redaktionellem chorgesang
	Indira Gandhi priesen
eine Kaiserin der jüngsten tage
	die Bombays slums
auszurotten versprach und erklärte daß
	bettler ausländer seien
die den frieden gefährden
	nun wo sie nicht mehr da ist
und den bullen man rät sich an die vorschrift zu halten
	sind wir wieder draußen auf den straßen
die einst englische namen hatten
	und jetzt reden die nachfolger
Mahatma Gandhis
	mit der obengenannten nicht verwandt
von prohibition
	schmuggler sind religiös geworden
sieben millionen zungen wackeln wieder
	unser lärm steigt zum himmel
höher noch als unsre manhattanhafte silhouette
die den korrespondenten der N. Y. Times fasziniert
	wir haben eine heilige verbindung
als bürger der innersten stadt
	vertriebne bastarde angehäuft
auf einer schrumpfenden insel die nur noch himmelwärts
	wachsen kann
wie meine eignen überfüllten gedichte

Ode an Bombay

Ich hatte dir ein Gedicht versprochen vor meinem Tod
Diamanten die aus der Schwärze eines Pianos stürmen
Stück für Stück fall ich mir vor die eignen toten Füße
Entlasse dich wie ein Konzert aus meinem Schweigen
Ich löse deine Brücken von meinen widerspenstigen Knochen
Befreie deine Eisenbahnschienen von meinen verzweifelten Adern
Reiß nieder deine überfüllten Mietshäuser und meditierenden Maschinen
Entferne deine Tempel und Bordelle die mir in den Schädel geheftet sind

Du trittst aus mir in einer reinen Sternspirale
Ein Leichenzug der sich zum Ende der Zeit bewegt
Zahllose Flammenblumenblätter entkleiden deinen dunklen
Dauernden Stiel des Wachstums

Ich trete heraus aus Morden und Unruhen
Ich falle aus schwelenden Biographien
Ich schlafe auf einem Bett aus brennenden Sprachen
Lasse dich steigen in deinem ätherischen Feuer und Rauch
Stück für Stück vor meine eignen Füße falle ich
Diamanten stürmen aus einem schwarzen Piano

Einst versprach ich dir ein Epos
Und jetzt wo du mich beraubt hast
Du mich zu Schutt zermahlen hast
Endet dieses Konzert

Ich lach. Ich wein.

Ich lach. Ich wein. Ich zünde Kerzen an. Trink Alkohol.
Die Augen noch schmutzig von Liebe. Der Mund
Verdreckt von Gesang. Gedichte wachsen wie Läuse mir im Haar.
Sagte der Romantiker. Saß in einer Kneipe in Bombay.
Die Holzbänke geschwärzt vom Schweiß der Jahre.
Die nackte Birne warf ihren dürftigen Schleier in den Raum.
Die Madonna und das Gotteskind verblaßten an der Wand.
Wir gossen noch etwas Soda zur Tragödie und spülten sie hinab.
Einer sagte Asien steht in Flammen. Ein andrer es wird aufwärts gehn mit Indien.
Draußen lag Bombay wie Erbrochnes. Phosphoreszierend in der Nacht.
Verzeih uns unsre Unwissenheit und unsern gestauten Verkehr Herr.
Den schalen Geruch der Paarung hinter Blumengardinen.
Vergib uns unsern Kollektivlärm und unsre Stimmlosigkeit.
Aus solch grandiosen Visionen fallen wir hinaus in schlammige Gassen.
Wir laufen und entgehen dabei knapp dem Leben um ein Uhr
Morgens wenn eben endet unser Tag.

Vaters Heimweg

Mein Vater fährt im späten Abendzug
Steht unter schweigenden Pendlern im gelben Licht
Vororte gleiten an seinen nicht sehenden Augen vorbei
Hemd und Hose kleben und der schwarze Regenmantel
Ist fleckig von Schlamm und die Tasche vollgestopft mit Büchern
Fällt auseinander. Seine Augen getrübt vom Alter
Verblassen heimwärts durch die feuchte Monsunnacht.
Jetzt kann ich sehen wie er aus dem Zug steigt:
Ein Wort aus einem langen Satz gestrichen.
Er hastet den grauen Bahnsteig entlang
Überquert die Eisenbahnschienen betritt die Seitenstraße
Die Sandalen sind klebrig von Schlamm doch er hastet weiter.

Ich seh wie er zu Hause angekommen dünnen Tee trinkt
Einen alten Brotfladen ißt ein Buch liest.
Er geht in die Toilette um nachzudenken
Über die Entfremdung des Menschen in einer vom Menschen geschaffenen Welt.
Als er herauskommt zittert er am Ausguß
Das kalte Wasser rinnt ihm über die braunen Hände
Ein paar Tropfen bleiben an den ergrauenden Haaren der Handgelenke hängen.
Seine störrischen Kinder haben sich oft geweigert mit ihm
Witze und Geheimnisse zu teilen. Er wird jetzt schlafen gehn
Im Radio die atmosphärischen Störungen hören, von seinen
Vorfahren und Enkelkindern träumen, sich vorstellen
Wie Nomaden in einen Subkontinent dringen durch einen engen Paß.

Mahalakshmi

Ein Aussätziger pflasterlos in der Zeit warte ich in der langen
Schlange die deinen Tempel nicht betreten kann doch ihn umschließt.
Göttin, ich habe deine drei Masken aus Gold
Entfernt gesehn von dem Gesicht das kein Lebender sehen kann.
Ich habe das seltsame Singen gehört das um Auflösung fleht.
Hier auf der Straße zu deinem Heiligtum
Steht mein Mund offen wie eine verkrümmte Schale
Wartet auf deine bittere Gabe: ein einziger Tropfen genügt.
Ich bin ganz Zunge.

Gruppenfoto

Gesichter von Termiten angefressen
Im Licht einer Laterne
Öde Wände dunkler Steinfußboden
Metallne Teller Schüsseln Kupferkrüge Becher
Schatten einer dienenden Hand

Inmitten der Wand Urgroßvaters Schatten
Seine Rechte führt einen Bissen zum Mund
Im flackernden Licht in der Schale
Weißer Reis weiße Buttermilch grünes Blattgemüse
In der Stille das Geräusch kauender Münder

Über der Familie das Dach hob ein paarmal ab
Und senkte sich nieder wo immer sich vier Wände fanden
Von Konkan nach Gujarat von Bombay nach Baroda
Von Baroda zurück nach Bombay
Von den Anfängen der Straßenbahn bis zur Entfernung der Schienen

Und diese Menschen der zwanziger Jahre auf dem sepiafarbenen Foto
Tot in Jacke und Mütze Stock in der Hand
An den Füßen Pumps oder Slipper diese Taschenuhrträger
Tot doch unverwandt starren sie gerade
In die Kameralinse als sagte wer: Nicht bewegen

Großmutter sprach immer vom Majestic Cinema Lakshmi Chawl
Den Ort gibt es wirklich noch in Girgaum
Wo Großvater Hunderttausende verdiente auf großem Fuß lebte
Und in seinen besten Jahren plötzlich starb
Es heißt es war Schwarze Magie

Er kutschierte in Victorias herum verkehrte mit Parsen und Gujaratis
Handelte mit Spekulanten und Juwelenhändlern
Es heißt er hielt sich sogar eine Konkubine
Und die ganze Familie fürchtete ihn
Unterstehe sich wer

Ob er Bhaskarbuva Alladiyan oder Rahimatkhan singen hörte
Weiß man nicht aber im Theater Gandharvas Stücke
Sah er bestimmt dann die Pferdewetten in Mahalakshmi
Oder vielleicht genehmigte er Kuchen sich im Fort
In der Grant Road ab und zu Sang und Klang Tanz Eleganz

Im Bombay der Ghatis und Konkanis der Parsen und Gujaratis
Der Khojas und Bohras der Pathares und Davnes
Der Pachkalshis Sonkalshis Kolis
Und Bhandaris East Indians und
Bene Israelis war er zu Hause

Ganz oben die Sahibs alle weiß
Governor Commissioner Chief Justice Secretary General und so weiter
Darunter unsresgleichen
Gogte Apte Kirtikar oder Dhuru
Burhanuddin oder Bamboat Shah Patel Gandhi
D'Cruz oder De Mellow Nagavkar oder Koli
Abu Bakar Pradhan Motiwala Kaikini Jaykar
Und weiter unten Korb um Korb Sack um Sack

Pila House Pickett Road Maruti Khada Parsi
Gol Building und andere solche Adressen
Der offene Chowpatty Beach eh sie das Tilakdenkmal aufstellten
Kokospalmen Wäldchen mächtige Bäume
Dampfschiffe aus Europa Verschläge in den Docks die Speicher
Bombays Rippen jetzt unter unsrer Haut versteckt

Der Brustkorb birgt Geschichte
Eine Stadt im Aufbau
Darin lebten sie suchten Abenteuer gingen ihrer Arbeit nach
Ihre Frauen in Neun-Yard-Saris gewickelt nie außerhalb ihrer vier Wände
Pünktlich gebärend Sklavenarbeit leistend
Ihre heiratsfähigen Schwestern oder Töchter Festtage und Schulden
Ihre Schnurrbärte und Tagebücher die Konten unter Turbanen

Diese Englisch paukenden Glücksritter
Die immer neue Fertigkeiten lernten geblendet von Europa
Oder sich verängstigt unter einer Sanskritdecke verkrochen
Einer wurde Lehrer einer Geschäftsmann
Einer Ingenieur bei der Eisenbahn
Einer schnitt beim B. A. als bester ab und starb

Diese Menschen die am Ende an der Pest an Grippe Typhus Cholera starben
Von Schwindsucht und Malaria verzehrt sie fuhren
Nach Madhavbaug Bhuleshwar Mumbadevi Kalbadevi Thakurdwar
Von den Girgaum-Siedlungen bis nach Walkeshwar
Nach Golpitha Grant Road Byculla Mazgaon sogar nach Dongri fuhren sie
Machten Fernreisen mit der Great Indian Peninsular oder
Der Bombay Baroda and Central India
Bombay öffnete die Faust und stellte sie aus auf den Fingerspitzen

Ordnet man ihre unleserlichen Lebensläufe zu Horoskopen
So sitzt dem einen Saturn im Nacken wird ein andrer von Mars erdolcht
Einer wird erwürgt von Rahu und Ketu
Ihre Lebenslinien verlaufen wie die Bahnlinien durch die Ghats
Die Brücken ihrer Reichtumslinien sind weggespült von den Fluten
Ihre Herzlinie ist geborsten wie Erde in Zeiten der Dürre

Diese unsichtbaren Heldenahnen die
Sich Titel und Besitz zu Shivajis Zeiten verdienten
Wurden später zertrampelt von Elefantenfüßen oder entkamen nach Konkan
Zogen den Kopf ein und lebten von Feldarbeit
Sie opferten Ziegen Ekvira und Khandoba
Behielten ansonsten das Schwert in der Scheide bis zum Dussehrafest
Verbesserten ihre Kalligraphie ja lernten sogar Persisch

Ich weiß nicht woher sie kamen
Tausenderlei Blut muß gemischt sich haben
Bewußt oder unbewußt
Man sollte sie wieder fotografieren
Das Bild vergrößern so groß wie der Himmel am Tag
An dem man der Ahnen gedenkt

Doch was nützte das alles
Diese tote Gruppe starrt unverwandt in die Kamera
Und ich kann sie nicht mehr auffordern: Bitte recht freundlich

Shesha

Die trostlose Skulptur der Dunkelheit
Ein Zeichen der Gnade: der Mond
Geweihte Reiskörner verstreut von der Hand des Meisters

Geburt Mord Liebe
Vernunft verdunkelt von Mühsal
Essenz des Knoblauchs Geruch von Asafötida

Die trostlose Skulptur der Dunkelheit
Darunter
Ein gewaltiges Leitungsnetz
Ein Schaltbrett voller Wunder
Eine Stadt die die Nacht durchlöchert
Gewimmel in den Gassen
Reiter auf der Straße des Sturms

Ganz unten wie Shesha bin ich

Krankenwagenfahrt

*für Bhola Shreshtha (gestorben 1971), der glaubte, es sei möglich,
eine ganze Symphonie aus dissonanten Elementen zu komponieren*

Ob sie dir noch in Erinnerung ist
Die Fahrt auf der du gestorben bist

Wir waren drei im Krankenwagen
Zwei Begleiter
Und ein Solist

Der Tod ist eine Solofahrt

Ein Trommelcrescendo
Ein jäh unterbrochenes
Schnelles Staccato

Ein Blutklumpen
Punkt

Augenlider wie Leichentücher
Über deine Augen
Gezogen
Der Mund erstarrt in Schmerz

Wir kamen nicht drauf
Daß du schon tot warst

Der Krankenwagen fuhr
In langsamem Tempo
Hielt
An jeder Verkehrsampel
Behindert
Von Fußgängern

Unsre Gedanken rasten
Vor Furcht

Du warst sehr still
Nur dein Kopf wackelte ein bißchen
In feinem Spott

Ob sie dir noch in Erinnerung ist
Unsre letzte gemeinsame Fahrt
Die auf der du gestorben bist

In deinem Hals
War eine Steinblume

Dein Blut stand still
Deine Adern waren Drähte
Aus denen die Spannung gewichen war

Erinnerst du dich an die Fahrt

Wir müssen das irgendwann mal besprechen
Irgendwann müssen wir beide
Wiedermal einen trinken
Und du wirst mir genau erklären
Wie der Tod seinen Verschluß auslöst
Wie sein Blitz blendend lächelt
Wie das Negativ alles annimmt
Wie die Rolle sich aufspult
Wie das Labor sie entwickelt

Irgendwann trinken wir einen
Und besprechen es
Ganz aufgeregt

Ich erinnere mich an
Meine einsame Hälfte der Fahrt
Meine verzweifelte Hälfte
Meine ruhige Hälfte
Meine leere Hälfte der Fahrt

Die ganze Welt roch nach Formalin
Das Sonnenlicht wirkte entsetzlich alt
Sie trugen dich auf einer Bahre
Und dann erklärten sie dich für tot

Ich erinnere mich an die verstärkten Geräusche
Ich erinnere mich an den Krankenhauskorridor
Ich erinnere mich an die unendlich langsamen
Bewegungen von Leuten

Ich erinnere mich an die verängstigten Kinder
Ich erinnere mich an die Versuche
Und die Weigerungen zu begreifen
Ich erinnere mich an die dicken Kränze
Ich erinnere mich wer Geld zählte
Und wer Witze riß
Ich erinnere mich wer weinte
Und wer Reden hielt
Ich erinnere mich wer aus der Gita zitierte
Und wer Anekdoten erzählte
Während du in Flammen aufgingst
Ich erinnere mich wer nichts sagte

Trauer kann wachsen
Wie ein Krebs
Trauer kann reifen
Wie ein Wein
Trauer kann wirken
Wie Opium
Trauer ist ein Schatten des Todes

Erinnerung kann Blätter
Verlieren
Wie ein Baum im Herbst
Erinnerung kann alles
Verwischen wie Alkohol
Erinnerung kann ein einzelnes
Ereignis einfangen
In einem Käfig aus Spiegeln

Ich brauche nur eine
Wilde Stunde der Trauer
Um mich von dem Schock zu befreien
Um meinen Blick zu klären

Ich möchte es anstarren
Das verlorne Gesicht
Des schmerzlich malerischen
Augenblicks meines Wissens
Von deinem Tod

Ich möchte es aufnehmen
Mit der gewaltigen Blutwelle
Hinter der der geleerte
Ozean liegt

Ich möchte mitten
In der Explosion sein
Die mich in Stücke reißen wird
Und ich möchte das ruhige
Gewahrsein von Einzelheiten
Der Syntax der Struktur
Des Subjekts des Verbs
Und des Objekts deines Todes
Der Drehungen der Wendungen
Der Voraussetzungen
Deines Endes

Ob sie dir noch in Erinnerung ist
Die Fahrt auf der du gestorben bist

Ich kann mich nur erinnern
An die Straßen die von Menschen überflossen

Ich kann mich nur erinnern
An die Straßen die sich leerten

Ich kann mich nur erinnern
An das gewaltige Ausmaß
Des Sonntagnachmittags im April

Ich erinnere mich wie die Sonne
Meinen Augen wehtat
Und wie ich barfuß
Über brennenden Teerbeton lief

Ich erinnere mich sogar
Wie man Kindern Geschichten erzählt

Das einzige was ich vergessen habe
Ist wie man lautlos weint
Oder wie man losheult
In wildem Schmerz

Du hast mir eine Kraft genommen
Gib mir eine andre mein Freund

Es gibt Zeiten in denen es schlimmer ist
Einen Freund zu haben als einen Feind

Was fang ich an mit einem toten Freund
Ich kann nur weiter mit dir streiten
Von dieser Seite des Lebens her

Ich kann dir keine Briefe schreiben
Ich kann dir kein Telegramm schicken

Ich kann nicht abrechnen mit dir
Ich kann keine Fehler suchen bei dir

Ich kann dich nur weiter beschuldigen
Ich kann dich nur weiter freisprechen

Ich bin allein
Und ich bin leicht verletzlich
Ich bin am Leben
Und auf einer anderen Fahrt

Ich erinnere mich an das Wasser das ich trank
Und die Zigaretten die ich rauchte

Ich erinnere mich an den Mund voll heißem Reis

Ich erinnere mich wie sich mir der Magen umdrehte

Ich erinnere mich an das Lied
Aus dem Radio des Nachbarn

Ich erinnere mich an das obszöne Gewimmer
Von jemand
Ich erinnere mich an die starken Whiskys die ich kippte

Ich erinnere mich an das Fleisch
Ich erinnere mich an das Brot

Ich erinnere mich an die Namen die Adressen
Die Telefonnummern

Ich erinnere mich wie man atmet
Und wie man ißt und wie man trinkt
Und wie man sich liebt
Und wie man spricht schreit heult
Wie man flüstert wie man den Mund hält
Wie man denkt wie man sich streitet
Wie man wütend wird
Wie man ein Gedicht schreibt
Wie man Briefe unterzeichnet

Ob sie dir noch in Erinnerung ist
Die letzte Fahrt die wir
Gemeinsam unternahmen
Die auf der du gestorben bist

Es war ein Sonntagmorgen
Im April erinnerst du dich

Einen April hat jedes Jahr
Und einen Sonntag hat jede Woche
Aber die Freunde werden weniger jedes Jahr
Und das Leben ist trüb

Erinnerst du dich an das Gespräch im Suff
Das wir eines Tages über den Tod führten
Das Gespräch lebendiger Menschen

Erinnerst du dich an die Musiksätze damals
Und was du sagtest
Über eine gewaltige Harmonie von Dissonanzen
Und über den elementaren Rhythmus
Den Pulsschlag der alle Logik beherrscht
Das Herzklopfen aller Schöpfung

Von den Slums meines Innern
Zu den Milchstraßen denen ich meine Arme öffne
Von diesem blinden Blutsturz von Gefühlen
Zum Massaker aller Kunstformen
Vom Eiter in meiner schwärenden Wunde
Zur Klarheit des Wassers
In dem alle Sprache sich auflöst
Und das Schweigen zu murmeln beginnt

Von der geballten Faust eines Arguments
Zur offenen Unschuld von Blumen
Von Geschossen zu den Küssen Liebender
Von Folklore zu wuchtigen Thesen
Hängt dieser schwarze Ausruf
Dein Gesicht darunter als Punkt

Ich erinnere mich an nichts

Ich erinnere mich nur an Worte

Regelmäßig wie das Sonnensystem
Gewohnheitsmäßig wie der Lebenszyklus

Ich erinnere mich an gar nichts

Aber mein Freund ich versprech dir
Aus diesem monolithischen Nichts
Werde ich einen Sonntag im April meißeln

Es wird Mittag sein es wird Trauer sein
Es wird brennende Hitze sein es wird Schweigen sein
Es werden stille Kokospalmen sein
Es wird Holz sein und ein toter Körper und Feuer

Es werden Slokas aus Flammen sein
Es wird eine scharlachrote Upanischad sein
In kobaltblauen Raum gekritzelt

Und die Vögel werden stocken mitten in der Luft
Erstarrt in ihrem Flug
Die Tiere werden stehenbleiben
Die Maschinen und die Menschen werden aufhören zu arbeiten
Meine Augen werden einschlafen
Unter einer Million Flammen
Wie die Blume
Der Apokalypse

Dann werde ich mich an nichts erinnern
Ich werde der sein der im Zentrum ist
Der Fahrt
Auf der du gestorben bist

Namdeo Dhasal Gedichte

übersetzt aus dem Marathi

Fieber

Was für ein Fieber füllt das Wasser hier
Was für ein Duft verbreitet sich im Tau
O ungebetner Gast
Kehr um
Ein Tanzbär
Der Tod
Ein Schrei nach Freiheit
Der Tod
Ein Schmerz der zum neugebornen Kind wird
Der Tod
Ein Leid das eine Leiter erklimmt
Der Tod
Unter allen Gestirnen
Verblassende Majestät
Der Ozean dürstet
O ungebetner Gast
Kehr um

Warten

Entseelte Metropole und See der endlosen Nacht
Es lasten die Augenlider und schließen die Türen des Ichs sich
Dieses Wasser soll also weiterbrennen
Warum hüten wir unsre Empfindlichkeit dann
Der Regen tollt im Land deiner Zartheit
Kaum ist der Himmel verschwunden verdunkelt sich alle Klarheit
Flußabwärts fließen wir in die Arabische See
Die Kobra der Zeit
Wie sie sich windet und wiegt
Morgen wird kommen das Schiff zu günstiger Stunde
Einschließen müssen wir uns im Herzen des Wassers
Warten aufs Mitgefühl einer entseelten Metropole

Ihr orthodoxes Mitleid

Ihr orthodoxes Mitleid reicht nicht höher als ein Kuppler von der Falkland Road
Sie haben für uns im Himmel bestimmt keinen roten Teppich ausgerollt
Feudalherrn die sie sind haben das Licht in ihre Truhen sie verschlossen
Unter der Last des Lebens stolpern wir dahin
Selbst das Pflaster ist nicht unser
Das Menschsein ekelt uns so haben sie uns geduckt
Nicht einmal Erde ist da unsre ausgebrannten Därme zu stopfen
Selbst der junge Tag des Gerichts wird zu ihrem Anwalt korrumpiert
Wir werden geschlachtet und nicht ein Seufzer entfährt ihren wohltätigen Händen

Am Weg zum Schrein

Ein entleerter Sonnenball
Verlosch
In die Arme der Nacht
Da kam ich zur Welt
Auf dem Pflaster
In zerknüllte Lumpen
Und verwaiste
Die mich gebar ging
Zum Vater im Himmel
Müde der Quälgeister auf dem Pflaster
Um das Dunkel aus ihrem Sari zu waschen
Und wie ein Mensch dem die Sicherung durchgebrannt ist
Wuchs ich auf
Im Straßendreck
Gib mir fünf Paise
Und nimm fünf Flüche dafür sagte ich
Am Weg zum Schrein

Es will mir nicht in den Kopf

Es will mir nicht in den Kopf
Ich hätte diesem Inferno entkommen können
Was war's das mich dort angewurzelt stehen ließ
Ohne Angst
Es will mir nicht in den Kopf

Der Tag kam bedeckt mit Angst und Übel
Was geschah wie's geschah in dieser Stadt die deine eigne ist
Ein Wirbelsturm erhob sich in diesem Leben
Und eine zornige See
Verschlang den Himmel
Die Lautlosigkeit die den Friedhof durchdringt
In welches Grab haben sie meine Stadt gelegt
Ich kam zur Straßenecke gierend
Nach einem Zug aus einer Zigarette
Ich konnte nicht heimkehren
In alle Ewigkeit werd ich den Aufruhr nicht vergessen können
Den Tumult
Die Mörder hinter mir die immer näher kommen
Überall regnet es Steine Sodaflaschen Molotowcocktails
Die Bäume schwingen und schwanken
Der Sturmwind peitscht und entwurzelt Menschen knickt sie um
Menschen von der Menge mißhandelt und niedergemetzelt
Menschen lebendig verbrannt mit Kerosin und Benzin
Ich kann's nicht vergessen
Diese Hackmesser diese Schreie diese Schwerter und Lanzen
Der Abzug der Drücker einer selbstgebastelten Pistole
Vorhang um Vorhang
Hinter uns wütende Salven aus Regierungsgewehren
Ich kann's immer noch nicht vergessen
Verkrüppelt von nackter Angst eine ältere Frau
Um ihr Leben zu retten schiebt sie durchs Pandämonium sich
Die Hose einem jungen Mann heruntergerissen
Ehe man ihm den Hals durchschneidet
Ringsum Feuer das in alle Richtungen galoppiert
Das ganze Viertel in Feuer gehüllt
Wie oft rief ich nach Gott dem Allmächtigen
Wechselte ich Namen und Stimme und rief nach Allah
Und nach Christus auch
Niemand kam zu Hilfe
Mir und diesen sterbenden Menschen

Es will mir nicht in den Kopf
Ich hätte diesem Inferno entkommen können
Was war's das mich dort angewurzelt stehen ließ
Ohne Angst

Mandakini Patil: die Collage die mir vorschwebt

Trostlose blaue Leinwand
Kleider zerschlissen
Schenkel zerfetzt
Schmerzgezeichnet eine Sechzehnjährige
Und ein Schwein
Blutverschmiert seine Schnauze

Was dem Auge gefällt ist nicht das wahre Gesicht das ist
Der Schädel dahinter
Ein bittrer Genuß
Die Leute nennen das Wahrheit
Entfernt man alles Fleisch von einem Menschen
Was tut man mit der Urgestalt die übrigbleibt
Der Hinterhof der Liebe ein Morast aus Furcht und Ekel
Und die Herrschaft des endlosen Nichts nach dem Ende des Menschen
Die wir für die Unseren halten sind nicht die Unseren
Nur Haufen von Staub und Rauch

A wie Affe
B wie Birne
C wie Cäsar
D wie Dolch
E wie Esel
F wie Fenster
Verehrung der geographischen Vielfalt des menschlichen Körpers
Und romantischer Arschfickerei

Manda
Deine Seele ist nicht aus Asche und nicht aus Marmor
Deine Haare deine Kleider deine Nägel deine Brüste
Sind wie meine eignen und werden Offenbarungen in mir
Die Wohnviertel der Toten
Bucklige dem Tod vorgeworfen
Stullen Straßen Milch einer Hündin die gerade geworfen hat
Das alles läßt mich nicht heran an dich deine Lippen deine Augen
Noch hatten wir nichts miteinander
Noch haben sich keine Rufe in uns hineingewühlt
Diese Zeit ist zehn Meilen lang und
Zehn Sekunden nah in ihrer Reprise
Du: ich: Samen: eine Glasscherbe die uns verletzt
Und tausend Formen des Seins

Nie hatte ich ein so blasses Gesicht gesehen
Wie deins und das von tausend andern Frauen deinesgleichen
Wie es aus vielen Ländern vielen Käfigen schimmert
Und viele Namen annimmt
Von jetzt an wächst die Borke mir nicht weniger ans Herz
Als der verdorrte Baum
So bin geblendet ich von deinem verdorrten blassen Gesicht
Aus dieser Blässe trittst du ein in mich und nimmst Besitz von mir
Die Schreie der Qual die du auslöst in mir überschwemmen mich
Ist ein Schrei das Ende oder das Ende ein Schrei
Ein Schrei ist das Ende: ein Ereignis das keinem leid tut
Die Veränderungen daran die hohen Erwartungen verknüpft mit ihnen
Menschen betäubt von Dunkelheit werden selbst zu Dunkelheit
Aus der Dunkelheit tauchen Spatzen und lassen Leichen fallen
Ihre Flügel wachsen und stellen den Krieg in den Schatten
Aus der Phantasie
Aus der Wirklichkeit
Aus dem Gesetz
Aus dem Wasserfall
Aus dem Baum
Aus dem Schatten
Ich seh in dir den Wirbelwind das Korn mahlen
Von Leid ist die Rede und das Leid geht zu Grabe
Die Geliebte: heilig gesprochene Hure
Der Liebhaber: idealisierter Kuppler
Frauen: verbriefte Huren ihrer Männer
Männer: Kuppler ihrer Frauen
Die Frau-Mann-Beziehung:
Man nehme ein paar Huren ein paar Kuppler ein paar Zahnputzzweige
Spucke sie aus nach Gebrauch und spüle den Mund mit Gangeswasser

Manda
Meine Pfauin
Wenn du aus dem Fenster siehst entsteht eine neue Welt
Umarmungen Haut Liebe
Ein unwirklicher Wirbel der verhext
Bodensatz den man über Wunden breitet
Hack einer Ameise die Beine ab
Und sie wird weiterkrabbeln bis sie auf ihr Ende prallt
Dann sind Fleisch Scheiße Haar keinen Deut mehr wert
Deine Freier rühren Winde auf die Schöße zerreißen

Reicht was du einem gabst und nahmst nicht aus
Baum Himmel Meer Blume Bett der Dunkelheit ist deine Illusion
Illusion trügt und lockt zum Grab
Die Alte die dich einsperrt nennen die Leute Schicksal
Sie packt alles was lebt und macht es zu Staub
Wer sie verschlingt und überlebt ist über Tod und Leben Herr

Da seh ich in der Teebude die Möbel tanzen
Stühle Tische Gläser Kellner
Den Gast das Brot den Chef die Butter
Tief in der lauen Stille
Kauerst du
Und siehst die Augen
Der Katze leuchten und das Glas
Tauchst deine Hände in die grünen Wellen
Findst an der Oberfläche Mitgefühl
Kein Mineral
Was eine Schale bildet ist die Oberfläche
Nicht die Flammen sehen die Schale
Die Asche sieht sie und niest und lebt weiter
Wer sich nur mit dem Leben einläßt
Ist tot und kalt
Lieben und sich hingeben mit Leib und Seele
Deine Augen sind Flammen deine Berührung ist Revolution
Du das Sandelholz und die heilende Borke des Babhulbaums
Du das Schwert und das Blut das vom Halse tropft
Du der Blitz der durch die Knochen fährt und das Wasser
Laß deine trockennassen Finger
Berühren was sich regt und was nicht
Und sieh die Alchimie deiner Blässe:
Von deinem Finger berührt
Wird Stein zu Platin werden
Und vergessen wirst du
Das verfrühte Gemetzel

Trostlose blaue Leinwand
Kleider zerschlissen
Schenkel zerfetzt
Schmerzgezeichnet eine Sechzehnjährige
Und ein Schwein
Blutverschmiert seine Schnauze

Hunger

1

Hunger
Das Eine das man tun und nicht tun könnte
Das Lösen und Nichtlösen dieses Problems
Kann das Feuer des Hungers zum Gedicht werden
Muß die Musik im Feuer des Hungers sterben
Wer nicht einmal den eignen Pulsschlag zählen kann
Dem ist Musik verschlossen
Hunger
Wir hatten nicht damit gerechnet daß
Der Lobgesang aufs Kapital gebührenpflichtig ist

Hunger
Ein Ding das nichts bringt
Wie schwer man auch arbeitet der Lohn sind immer nur Steine
Wenn die Steine kein Haus bauen können
Können wir darin nicht wohnen
Hunger
Mal wirst du zur Maus mal zur Katze mal zum Löwen
Jetzt wo du dein Spiel begonnen hast
Wie weit können wir Nullen uns dann je vorwagen

2

Hunger
Eine Verschwörung des Schweigens breitet sich ringsum aus
Heute werden wir von neuem lebenslänglich eingesperrt
Hunger
Vergib daß wir den Baum der Zeit
Nicht fällen können
Doch auch wenn er gefällt ist bleibt der Himmel blau
Auf welchem Markt kann man ein stummes Herz anbieten
Wo es versteigern
Wo jeder Tag ein Besen ist der's Leben fegt
Wer kauft da ein gebrochnes Herz
Wer macht da ein Geschäft

Hunger
Bring sie uns bei deine Tricks deine Finten
Kämen wir dir auf die Schliche
Dann wollten wir ringen mit dir bis zur Entscheidung
Wie lange sollen wir uns noch herumschleifen lassen von dir
Wie können wir den Dreck aus dem Hunger spülen
Wie können wir den Staub aus den Jahren spülen
Wie tief verachten die Grenzen der Verachtung
Hunger
Wenn dich und uns nicht verbinden kann
Eine eiserne Brücke
Dann laß uns wegfliegen wie unschuldige Vögel
Hunger
Dein Boden die Dornen in deinem Boden
Stechen das Gehirn Tag und Nacht
Am Ende gefriert auch das Gehirn
Hunger
Wenn was aus der Gefrierkammer kommt
Ist es dann noch frisch
Hunger
Jeder Tropfen deines Bluts ist kalt
Hunger
Jeder Tropfen deines Bluts ist stumm
Wenn du befiehlst schlägt der Blitz in die Gedärme
Wenn du befiehlst wird das Leben elektrisiert
Das verwundete Meer und das endlose Stöhnen unsrer Forderungen
Hunger
Erfüll unsre Forderungen
Blas nicht das Licht in den verlassnen Hütten an der Küste aus
Später befassen wir uns mit der Schnecke des Leids und dem Meer
In ihrem brokatenen Kampf

3

Hunger
Wir haben unsre Forderung gestellt
Laß uns dir fehlen
Sollen wir niemals Wurzeln schlagen
Laß uns Wurzeln schlagen
Die Sonne mag die Morgendämmerung vergessen haben
Der Fluß mag die Zeit vergessen haben
Wir wollten mehr vom Licht
Als nacktes Leben
Aber das Licht trog

Hunger
Wir dulden nicht daß eine Wolkensäule steht vor unsrer Tür
Ein Weiser ungerührt
Wie oft sollen wir danken
Dem Leid
Der Musik im Leid
Wenn wir nicht haushalten können
Mit welchem Recht streiten wir dann mit Blumen
Wie lange sollen wir noch stochern in den Feuern des Leids
Wie lange sollen wir noch brennen
Wie lange sollen wir noch versuchen die lodernden Flammen zu fassen
Wenn unser Bewußtsein noch nicht sichtbar ist
In diesem Einsickern der Sonne
Dann ist es besser wir grüßen dich als besiegte Soldaten
Wer hat behauptet
In einer Armee kämpft jeder Soldat wie ein Held

4

Hunger
Heut ist kein einziges Korn in unserm Haus
Heut ist kein einziger kluger Kopf in unserm Haus
Hunger
Wenn wir singen bis das letzte Licht in uns abgebrannt ist
Wird es dann ausgehn das Licht des Hungers
Hunger
Wenn man dich jetzt hütet wird alles dunkel sein
Hunger
Dein Pomp ist besonderer Art
Außer dir kreuzt kein anderes Unheil
Unsern Weg
Hunger
Wenn wir dich nicht beschlafen können
Wenn wir dich nicht schwängern können
Wird unsre Bande sich umbringen müssen
Hunger
Wir haben das As
Wozu sollen wir von Kastratenmusik reden
Unsre Männlichkeit steht dir gegenüber
Mal sehn wer gewinnt
Du oder wir

5

Hunger
Was kam zuerst
Baum oder Samen
Hunger
Du komplizierst diese ganze Frage
Hunger
Sag uns woher dieser Affe stammt
Wenn du das nicht kannst
Ficken wir siebzehn Generationen von dir
Hunger
Mitsamt deiner Mutter

Der Garten der Impotenz

Keine Blumen sind da
Keine Blätter
Keine Bäume keine Vögel
Nur die Schau eines Wohltätigkeitsexperten
Der Duft von versiegeltem Moschus
So verwandeln sich Fußketten
In Musik

O Vision eines Freundes o kundiger Gärtner

Was alles soll ich heraufbeschwören
Solch eine Tränenflut im Land deiner Gefühle
Morgen Abend
Den Aufmarsch der Homeguards
Auf deinem verwüsteten verlassnen Feld
Die Festrede des Ratsherrn
Der auf kleine Jungen scharf ist
Yallamas Topf zum Tanz geschlagen
Und die Allindische Frauenkonferenz

In einem Strichmädchenseminar
Sitzen politische Krähen
Haschraucher Ganjakonsumenten
Taschen- und andere Diebe
Und hörn sich die Bekenntnisse von Zuhältern an
Der Vergänglichkeitsdschungel des leidenden Herzens
O Garten der Impotenz
In welcher traurigen Stunde bist du
Gekommen mich an der Wurzel zu treffen

Lob und Tadel
Bewußtsein und Ohr
Das Dunkel der Ewigkeit
Und das goldene Ufer
Das Getöse der Flut und
Ein Diamantendiadem
Das Stigma geheimer Liebe und
Der Atem des Ekels

Das Totenreich unerfüllter Liebe und die Verbrennungsstätte des Mitleids
Die Einsamkeit großer Taten und der Zauber des Furchtsamen
Hinterm Rücken jedes Wortes
Verbirgt sich ein nacktes Gesicht
Diese Sklaven im Bett
Wie soll ich spannen sie vor den Pflug

O Garten der Impotenz
Deine unersättliche Yakshastadt
Eine Qualenkrone trag ich auf dem Haupt
Die leuchtende Fontäne eines afrikanischen Leids
Eine Wunde hat in meinem Herzen sich ein Haus gebaut
Nicht einmal Worte können seine Türen öffnen
Ein Lichtstrahlenbär trägt ein Plakat herum
Keiner Klage wird Gehör geschenkt
Ein fahrender Lumpenpoet wie ich
Fängt an zu tanzen auf einem Fest der verkommnen Form
Keine Parolen sind zu hören keine Schreie
Jedes Gesicht des Mitleids ist schwarz verschleiert
So läßt dein zertrampeltes Leben du
Schwimmen im Wasser der Hölle in dir
Was bleibt den Bäumen übrig als dem Jenseits
Die Achselhöhlen zu kratzen
Laß meine Augen mich fülln mit dem Dunkel
Des Erdenschoßes
Laß mich meine schlankhalsigen Träume prüfen
Wie eine zerfahrne Münze will ich sie zum Klingen bringen
Laß mich nur einmal zusammenflicken
Den Himmel der zeitgenössischen Verzweiflung
Bedeckt von einem weißen Leichentuch
Schläft die formlose Stille in deinem Innenhof
Und es wächst die Ironie der Buchstabenberge
Das gescheckte Schweinchen versucht das grüne Gras zu streicheln
Die Impotenz in Gut und Böse
Durch Haarlocken streichen übermenschliche Finger
In dieser Mitternacht der Orgasmen toben
Zafrabadische Wasserbüffel
Behandelt von gelähmten Fachärzten
Im Spiegelsaal herrscht ein tolles Durcheinander
In wievielen Formen sollen wir uns sehen
Pferden werden die Arme tätowiert
Eine Blume blüht auf der Ranke des Penis
Ibsens Puppe wird zur Braut

All diese Angst
In der feindlichen Umzingelung
Eine schwarze Wahrheit versucht auf dem Rücken der Schildkröte zu reiten
Die Katarakte deines verzweifelten Kampfes werden auf den Pfad der Tugend gelenkt
Danach denk ich an deine schweigenden Lippen
Der Heuschrecke deines hilflosen Körpers werden die Flügel bemalt
Die Eule läßt sich im Baumloch nieder und stimmt den Grundton an
Doch du willst es nicht auftun das Tor deiner Empfindung
Soll ich vielleicht an meinem lahmen Fuß den Stiefel der Staunenden tragen
Soll ich der Katze eine Glocke um den Hals hängen
Soll ich eine unerträgliche Perversion ausmerzen
Soll ich sie löschen
Die Flamme zwischen Anfang und Ende

Reich

In diesem Reich herrscht keine Freude

Warten
Ein unsteter Sternenhimmel
Liebe auf der scharfen Schneide des Bajonetts
Wie nie zuvor
Fängt das Leben an mir zu gefallen
In aller Herz hab einen Platz ich
Für mich geschnitten
Und ganz von selbst
Verfing meine Seele sich in den Schätzen des Erdreichs

Sackgasse

Schweigen in der Sackgasse
Die Flügel des Schattens berühren das Mal
Dunkelheit randaliert in der Stadt
Wir machen uns erste Gedanken zum Thema Revolution
Juwelenscheffler eines hemmungslosen Wunschdenkens
Ein Leben lang Körnerpicken
Geschwulst auf dem Wasser
Haus und Leben fallen und fallen
Wie Spielkarten
Was umschließt deine Hand schon: verströmende Luft
Phantasie wird zum Mauseloch
Und im Schädel
Brummt es und knackt

Ernte

Der eine stammt von hier
Der andre stammt von dort

Der riesige Berg aus weißen Schädeln
Vater Zeit sitzt und gräbt nach vergammelten Leichen
Und ein uralter Lebensdurst
Fließt von Körper zu Körper

In welchem endlosen Strom wird er zusammenfließen
Wohin man auch blickt ist es wüst und leer
Stein nur auf Stein aufgerichtet
Zementierte Sprichwörter zementierte Redensarten Tag für Tag
Wie lange sollen wir noch spielen dieses Sprachspiel

Zwing diesen blinden Spiegel nicht zu sprechen
In eines jeden Herz der vierfache Zweig der Empfindung
Tief unten an der Wurzel der Haut
Wird eines jeden Feld gepflügt
Auch dieses Jahr sind die Speicher prallvoll von der Ernte des Schmerzes

Erntezeit

So hast du mitten in der Erntezeit mich ausgeplündert

Brennender Haß randvoll
So hat dieser namenlose Schmerz mir gierig
Das Blut ausgesaugt
Niedergeschlagen sitz ich und seh traurig der Sonne beim Untergang zu
Es ist ganz schön anstrengend ein brauchbarer Mensch zu werden

Wie trocknes Sommerlaub wirble ich weiter
Der schwarze Asket versucht den guten Willen niederzutrampeln
Nicht mal laut sprechen kann man von seinem Unglück

Das Dasein zerbröckelt wie Erdklumpen
Im Nu verschwindet das Wasser des blauen Sees
Dieser Haß ist so hellwach
Ich selber werde
Der Krüppel in mir
Der sich selbst nicht wiedererkennt

Henning Stegmüller Bilder

62   Gateway of India, *Appollo Bunder*

Monsun in Bombay

64 *Worli Seaface*

Marine Drive

66 Bachubhai-Ni-Wadi, *Central Bombay*

Bachubhai-Ni-Wadi, *Central Bombay*

68 *Sat Rasta*

Die Küche der Mulgaonkars, *Parel*

70   Strand, *Dadar*

Nahe dem Sona Pur Krematorium, *Shivaji Park, Dadar*

72 Bachubhai-Ni-Wadi, *Central Bombay*

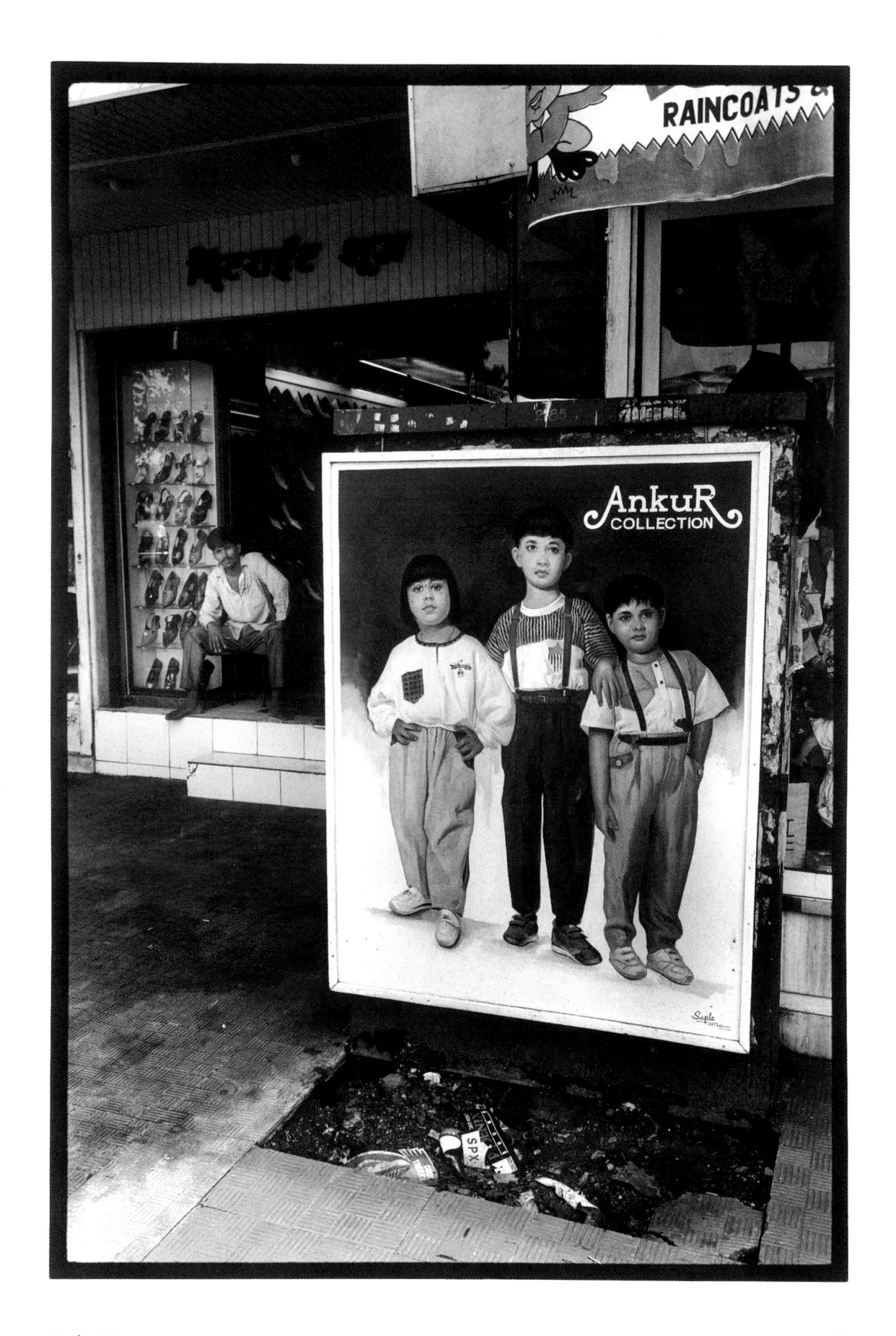

Dadar T. T.

74   Ambedkar Road, *Naigaum*

Joshi Road, *Lower Parel*

Mahalakshmi

Die Börse, *Dalal Street*

78 Die Börse, *Dalal Street*

Die Börse, *Dalal Street*

80 Ambedkar Road, *Parel*

Ambedkar Road, *Parel*

82 Pferderennbahn, *Mahalakshmi*

Pferderennbahn, *Mahalakshmi*

84 Namdeo Dhasal spricht bei der Vereinigung aller Dalit-Parteien zur Neuen Republikanischen Partei Indiens, *Shivaji Park, Dadar*

500.000 Menschen kamen zur Wiedervereinignung der Neuen Republikanischen Partei Indiens, *Shivaji Park, Dadar*

86 Gäste einer Bathia Hochzeit, Cricket Club of India, *Churchgate*

Gäste einer Bathia Hochzeit, C.C.I., *Churchgate*

88   Die Skyline von Nariman Point, *Chowpatty*

Sassoon Dock, *Colaba*

90 Sassoon Dock, *Colaba*

Sassoon Dock, *Colaba*

92 Sassoon Dock, *Colaba*

Sassoon Dock, *Colaba*

94   Motorrad-Artisten vor dem »Tal des Todes«, Volksfest, *Madh Island*

Motorrad-Artist im »Tal des Todes«, Volksfest, *Madh Island*

96 Mohomad Ali Road

Nahe dem Opernhaus

98 *Central Bombay*

Bollywood Stars Rishi Kapoor und Juhi Chawla in den Mehboob Studios, *Bandra*

100 Dreharbeiten mit dem Filmstar Shah Rukh Khan, Kamaalistan Studios

Film City, *Goregaon*

102 Sackgasse. Rotlichtdistrikt, *Kamatipura*

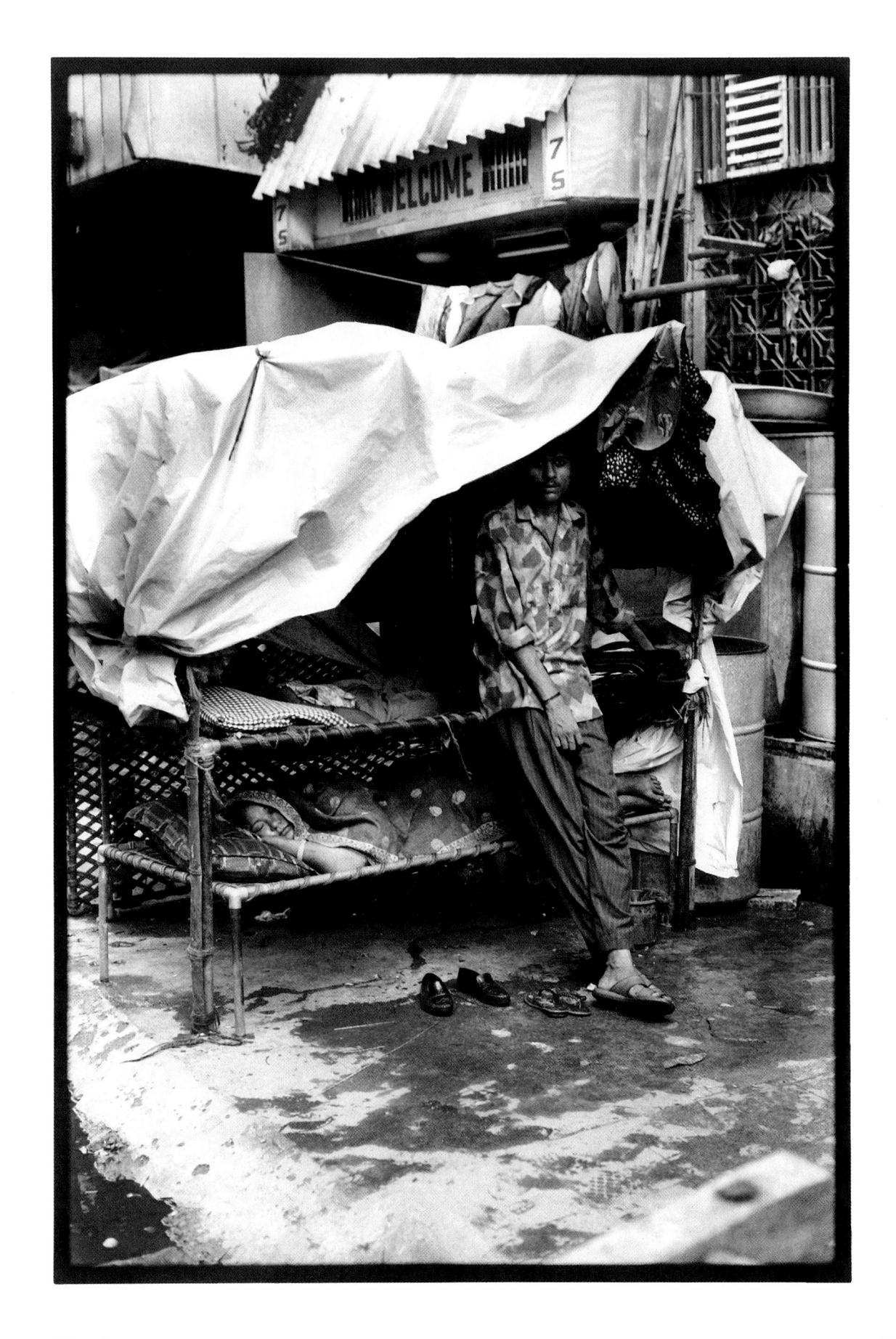

Kamatipura

104 *Kamatipura*

Rukminibai, Führerin der Gewerkschaft der Prostituierten, *Kamatipura*

106 Tarabai und ihre Mädchen, *Kamatipura*

Kamatipura

108 Seitenstraße, *Central Bombay*

Muslim-Mädchen, nahe *Do-Taki*

110 Der Sohn von Sikandar Khan, nahe *Do-Taki*

Sikandar Khan, Sozialarbeiter

112   Namdeos Vater, Lakshman Dhasal, 105 Jahre, *Sat Rasta*

Familie, *Sat Rasta*

114 Malika, Ashutosh und Namdeo Dhasal mit ihrem Hund Thombya, *Andheri*

Mutter und Sohn, *Sat Rasta*

116 Familie, Chowpatty Beach, *Dadar*

Viju und Dilip Chitre, *Mahalakshmi*

118 Dachterrassenparkplatz, RTO, *Worli*

Schrottplatz hinter einem Polizeirevier, *Parel*

120 Auf dem Weg nach Juhu-Vile Parle Scheme, *Vile Parle*

Straßenbewohner, P. D'Mello Road nahe *Mazgaon*

122 Gott Ganesha wird dem Meer übergeben

Pandit Ramnarayan spielt die Sarangi, begleitet von der Tanpura

124   Horniman Circle Garden, *Fort*

Unter dem »Flyover«, Brücke in *Byculla*

126 Bügelladen, *Walkeshwar*

Bachubhai-Ni-Wadi, *Central Bombay*

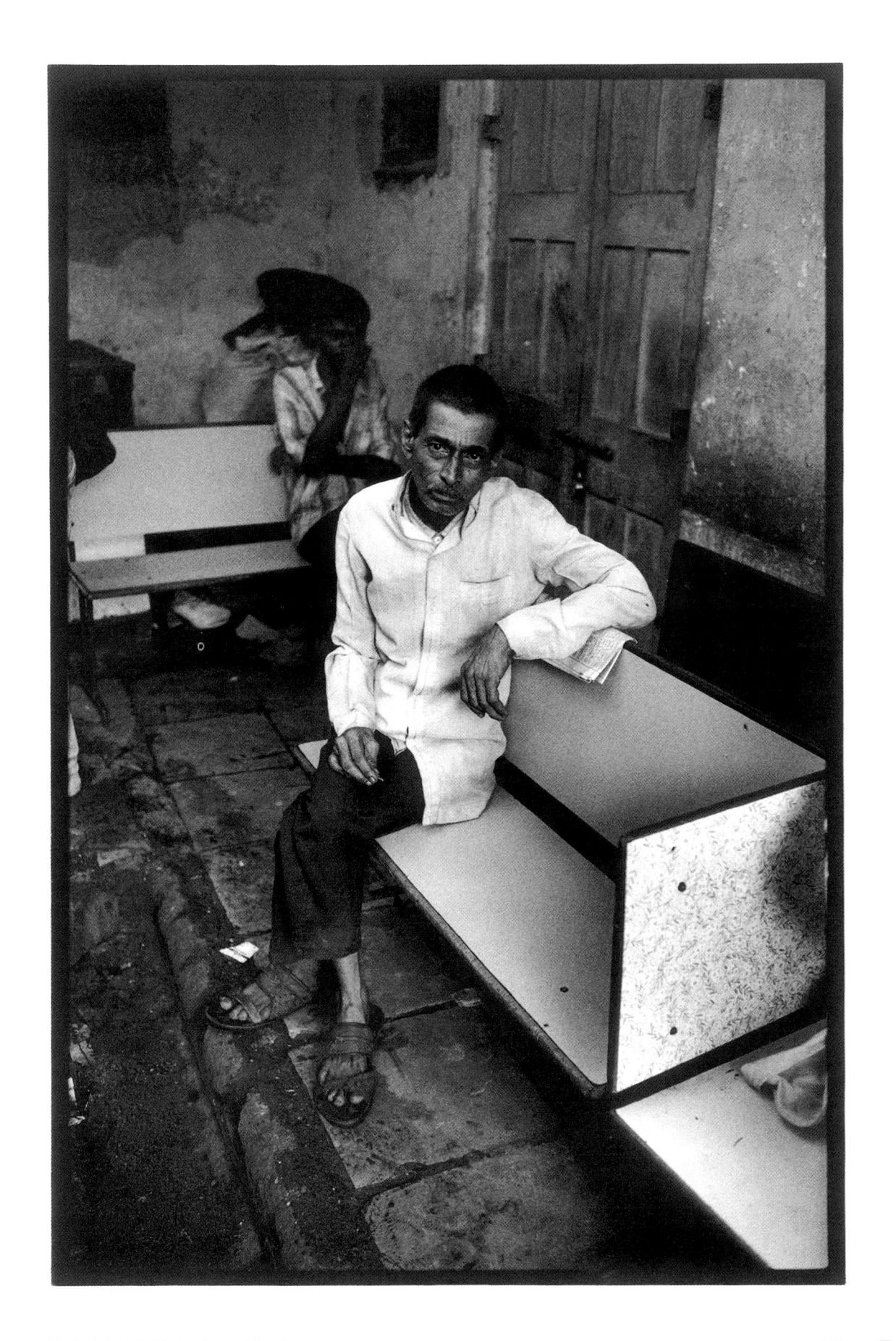

128 Vor dem Restaurant »Wayside Inn«, *Fort*

Kreisverkehr, nahe *Mahalakshmi*

130 Eisenbahn-Überführung, *Byculla Market*

Byculla Market

132   Milind, Gewerkschaftsführer der Korbträger, Gemüsegroßmarkt, *Byculla*

Mathadi Korbträger, Gemüsegroßmarkt, *Byculla*

134   Koli-Fischhändlerin, *Andheri West*

Arbeiter in einer Getreidemühle, *Dadar*

136 Wäscherei, *Ambedkar Road*

Regenschirm-Recycling-Fabrik, *Bachubhai-Ni-Wadi*

138 Schafmarkt, *Andheri West*

Byculla Market

140 Kabutarkhana, *Dadar*

Fußgänger-Überführung, *Dadar Station*

142 Die Hundefrau, *Worli Seaface*

Weg zur Moschee, *Haji Ali*

144 Weg zur Moschee, *Haji Ali*

Weg zur Moschee, *Haji Ali*

146 Sir J.J. Institute of Art, *Crawford Market*

Sir J.J. Institute of Art, *Crawford Market*

148 Pilger, *Mumba Devi Tempel*

Pendler

150 Frauenabteil, *Dadar Station*

Churchgate Terminus

Glossar

Asafötida: Stark gebundene, harzige Gummimasse mit intensivem Geruch, gewonnen aus der Wurzel eines asiatischen Doldengewächses. Man benutzt es zum Kochen oder als nervenberuhigendes Mittel.

Dusserahfest: Zehnter Tag eines hinduistischen Festes im Monat Ashvin (September/Oktober); auch bekannt als Vijayadashami oder Tag der Siegesfeier.

Ekvira: Volksgöttin, die vom Klan bzw. der Kaste der Chitres als Gottheit verehrt wird.

Gita: Bhagavadgita oder »Das Lied Gottes« in der Mahabharata, in der Krishna dem verwirrten und demoralisierten Krieger Arjuna das Wesen des göttlichen Selbst und der menschlichen Pflicht im Leben erklärt.

Gujarati: Der Name einer indischen Regionalsprache und der Bewohner des Bundeslandes Gujarat.

Kali: Die schwarze Göttin; eine gewalttätige und schreckliche Erscheinung des weiblichen Partners Gott Shivas, in einer militanten und destruktiven Stimmung.

Khandoba: Volksgottheit der Hirtenvölker des westlichen Indien, speziell Maharashtras; Familiengottheit der Chitres.

Mahalakshmi: Göttin des Reichtums und Gedeihens. Als die Götter und Dämonen den Ozean aufwühlten, um seine geheimen Schätze zu bergen, kam sie zum Vorschein. Ihr Tempel ist ein Wahrzeichen Bombays.

Mumbai: Ursprünglicher Name der Stadt Bombay auf Marathi, der Landessprache Maharashtras. Inzwischen wurde er zur offiziellen Bezeichnung der Stadt, abgeleitet vom Namen der lokalen Gottheit Mumba-Devi.

Parsen: Inder mit persischer Abstammung; Anhänger des zoroastrischen Glaubens, die sich im Westen Indiens, zumeist in Bombay niedergelassen haben.

Rahu und Ketu: Dämonisches Planetenpaar in der indischen Mythologie, das Sonne und Mond verschlingt und so Sonnen- und Mondfinsternis verursacht; es gilt als Unheilsbringer schlechthin.

Shesha: Eine mythische Kobra – unendlich lang, von der man annimmt, daß auf ihr Gott Vishnu ruht. Unsere Welt ist festgehalten auf Sheshas Kopf. Shesha heißt auch »Rest« oder »Übriggebliebenes«, »Unendlichkeit«.

Shivaji: Sproß einer noblen Maratha-Familie aus dem 17. Jahrhundert, der gegen die muslimischen Führer seiner Region rebellierte und der Gründer des ersten Hindu-Maratha-Königreichs im heutigen Maharashtra war.

Sloka: Versmaß der epischen Sanskritdichtung; eine Strophe, komponiert in einem solchen Versmaß.

Upanischad: Alte esoterische und geheime Lehren, aufschlußreich zum Verständnis der heiligen Lehren der Vedas über die wahre Natur des höchsten Geistes.

Victorias: Pferdekutschen oder »Taxis«, nach britischem Vorbild gebaut, in Bombay benutzt während des 19. und 20. Jahrhunderts.

Wogs: Abfälliges Slangwort, das »die Schwarzen« benennt oder für jede andere nicht weiße Rasse einschließlich der Asiaten in England benutzt wird.

Yakshastadt: Yakshas sind mythische, halb göttliche Kreaturen oder Geister, übernatürliche Wesen, die in eigenen mythischen Städten leben, in einer anderen als der menschlichen Welt.

Yallama: Ein Name von Renuka, Mutter des Parashuram; eine Muttergöttin, verehrt von vielen Stämmen in Karnataka und Maharashtra. Einfache Leute widmen ihr ihre Töchter, die dann ihr Leben lang der Prostitution nachgehen.

Zafrabadisch: Aus der nordindischen Stadt Zafrabad stammende Wasserbüffelart, die besonders kräftig gebaut ist und reichlich Milch gibt. Sie wird deshalb in ganz Indien als Milchvieh gehalten.

Die Autoren

Henning Stegmüller, 1951 in München geboren, ist Fotograf, Kameramann, Regisseur und Produzent.
Vor allem seine ethnographischen Filme haben ihn bekannt gemacht. In Zusammenarbeit mit dem bedeutenden, 1992 verstorbenen Indologen Günther D. Sontheimer drehte er Ende der achtziger Jahre *Vari – eine indische Wallfahrt* und *König Khandobas Jagdausflug*, zwei Dokumentarfilme, die seine umfassende Kenntnis indischer Tradition und Lebensweise widerspiegeln.
Seit vielen Jahren gilt sein Interesse der Provinz Maharashtra und ihrer Hauptstadt Bombay, die er, häufig begleitet von seinen beiden Dichterfreunden Dilip Chitre und Namdeo Dhasal, von den Plätzen der Reichen bis in die Unterwelt erkundete.

Dilip Chitre, 1938 in Baroda geboren, lebte seit seiner Jugend bis vor kurzem in Bombay.
Als Dichter schreibt er in seiner Muttersprache Marathi und in Englisch. Er übersetzt europäische und amerikanische Literatur ins Marathi und Marathi-Dichter ins Englische. Mehrere Jahre war er Mitherausgeber der Zeitschrift *New Quest* und Leiter des *Vagarth Centre for Indian Poetry* in Bhopal. Außerdem ist Chitre Filmemacher und Künstler.
1994 erhielt er als höchste Auszeichnung für Schriftsteller in Indien zwei Preise der Sahitya Akademie, den Sahitya Award für den ersten Band seiner gesammelten Gedichte und für seine englische Übersetzung ausgewählter Gedichte Tukarams, eines Marathi-Dichters und Heiligen des 17. Jahrhunderts.
Heute lebt Dilip Chitre in Pune, 200 Kilometer von Bombay entfernt.

Namdeo Dhasal, 1947 in einem Dorf nahe Pune geboren, kam als Kind nach Bombay, wo sein Vater im Stadtteil Kamatipura als Fleischergehilfe Arbeit fand. In diesem Rotlichtviertel wuchs Namdeo als »Dalit«, als Unberührbarer, unter den ärmsten Bewohnern der Stadt, unter Bettlern und Dieben auf. Er mußte seine Schulausbildung abbrechen und arbeitete als Taxifahrer.
1972 gründete er mit Freunden die »Dalit-Panther«, eine militante Jugendorganisation nach dem Vorbild der »Black Panther« in den USA. Im selben Jahr veröffentlichte er *Golpitha*, seine erste Sammlung von Gedichten in Marathi. Seitdem schreibt er regelmäßig Essays, Gedichte und Novellen.
Dhasal ist einer der Vorsitzenden der wiedervereinigten Republikanischen Partei Indiens, von der sich besonders die unterdrückten Kasten des Bundesstaates Maharashtra vertreten fühlen.
Als Dichter der Avantgarde und als Politiker gegen das Establishment hat Namdeo Dhasal Beachtung, Ehrungen und zahlreiche Preise gewonnen.

Lothar Lutze, der Übersetzer von Dilip Chitres und Namdeo Dhasals Gedichten aus dem Englischen und dem Marathi, war lange Zeit als Professor am Südasien-Institut der Universität Heidelberg tätig, wo er neuere indische Sprachen und Literaturen lehrte. Er lebte als Kenner indischer Kultur und Lebensformen mehrere Jahre in Indien.

Zu den Gedichtübersetzungen: Die Übersetzungen aus dem Marathi – also aller Gedichte von Namdeo Dhasal sowie die von *Shesha* und *Gruppenfoto* – wären ohne die Mitwirkung Dilip Chitres nicht möglich gewesen; ihm sei an dieser Stelle gedankt.

Dilip Chitre, Namdeo Dhasal, Henning Stegmüller, *Sat Rasta*

1. Auflage 1996
© A1 Verlags GmbH München
Alle Rechte vorbehalten
Fotomechanische Wiedergabe nur mit Genehmigung des Verlages
Satz: Fotosatz Kretschmann GmbH, Bad Aibling
Fotos: Henning Stegmüller
Litho: Datagraph, München
Typographie, Umschlagentwurf und Gestaltung: Konturwerk, Herbert Woyke
Gesamtherstellung: A1 München
Buchbinderische Verarbeitung: Verlagsbuchbinderei Göttermann GmbH, Aßling bei München
Einbandmaterial: Garantleinen von Ernstmeier, Herford
Papier: Textteil 130 g/m² Munken Pure, Bildteil 170 g/m² Claudia Star
Gesetzt aus der Adobe Garamond roman 11 auf 12,8 Punkt
Printed in Germany
ISBN 3-927743-26-7

Der Verlag dankt dem HAUS DER KULTUREN DER WELT in Berlin
für die freundliche Unterstützung.

Die Deutsche Bibliothek – CIP-Einheitsaufnahme

Bombay : Bilder einer Mega-Stadt = Mumbai /
Stegmüller/Chitre/Dhasal. Aus dem Engl. und dem Marathi
von Lothar Lutze. – 1. Aufl. – München: A-1-Verl., 1996
ISBN 3-927743-26-7
NE: Stegmüller, Henning; Chitre, Dilip; Dhasal, Namdeo; Lutze, Lothar [Übers.]; Mumbai